Cheryl Benard • Edit Schlaffer

Die Physik der Liebe

Warum selbstbewusste
Frauen glücklichere Beziehungen haben

Deutscher Taschenbuch Verlag

Von Cheryl Benard und Edit Schlaffer ist im Deutschen Taschenbuch Verlag erschienen:
Einsame Cowboys (dtv 36295)

Ungekürzte Ausgabe
Mai 2004
Deutscher Taschenbuch Verlag GmbH & Co. KG, München
www.dtv.de

Umschlagkonzept: Balk & Brumshagen
Umschlagfoto: © Getty Images / Elizabeth Young
Satz: Kösel-Verlag, München
Druck und Bindung: Druckerei C. H. Beck, Nördlingen
Gedruckt auf säurefreiem, chlorfrei gebleichtem Papier
Printed in Germany • ISBN 3-423-34091-6

Inhalt

VORWORT

Von der Chaostheorie zum Wärmeaustausch

Frauen und Männer. Das weibliche und das männliche Prinzip. Eigentlich ist völlig klar, dass es sich hierbei um ein Grundprinzip der materiellen Existenz handelt und dass zu diesem Grundprinzip auch das Prinzip der Symmetrie gehört. Ganze philosophische, religiöse und wissenschaftliche Denksysteme großer Kulturen bauten auf dieser Polarität auf. Das harmonische Spannungsverhältnis zwischen der männlichen Erde und dem weiblichen Himmel organisierte den altägyptischen Kosmos, während die Pharaonenehe zwischen einem liebevoll sich zugewandten Paar das Sinnbild für politische und gesellschaftliche Stabilität war. Yin und Yang teilt die materielle und immaterielle Welt des Orients in weibliche und männliche Formen der Energie.

Womit wir schon beim Kern der Sache angelangt sind. Genau betrachtet lässt sich das ganze Drama der zwischenmenschlichen, zwischengeschlechtlichen Beziehungen letztendlich auf diesen einen zentralen Begriff reduzieren: auf den Begriff der *Energie*.

Sie stecken irrsinnig viel Kraft und Aufmerksamkeit in Ihre Beziehung und sind frustriert, weil von der Gegenseite nichts Gleichwertiges zurückkommt: eine klare Frage von ungleichem Energieaufwand. Was ist die Doppel- und Mehrfachbelastung berufstätiger Frauen, wenn nicht eine schlichte Frage der Energie? Was suchen Sie in den Armen Ihres echten oder fantasierten Geliebten? Entspannung und Erregung – verschiedene Fassetten der Energie.

Energie – der Begriff lässt uns ahnen, dass wir auf der falschen

Spur sind, wenn wir die langjährig zäh diskutierte Frage nach der Beziehung zwischen den Geschlechtern mit Hilfe der Poesie, der Psychologie oder gar des individuellen Kopfzerbrechens verstehen wollen. Energie ist ein naturwissenschaftliches Phänomen. Wenn sich Frauen auf ihre wichtigsten Lebensfragen wirklich eine Antwort erhoffen, dann müssen sie den flockigen, flauschigen Bereich von Psychologie und Soziologie hinter sich lassen und sich anderen Wissenschaften zuwenden. Wie heißt es in einem diesbezüglichen Lehrbuch: »Ohne Kenntnisse moderner Atomphysik und Quantenmechanik sind viele Forschungsgebiete ... und wichtige Fragen der Philosophie ... nicht zu verstehen.« Genau!

Und keine Panik, bitte. Trocken? Kompliziert? Keineswegs. Wir sind moderne Frauen, die in einem modernen, wissenschaftlichen Zeitalter leben. Sie werden sehen, dass die logischen Erkenntnisse der Physik nicht nur erbaulich sind, sondern dass sie sogar eine erheblich unkompliziertere Erklärung Ihrer persönlichen Umstände erlauben, als das zum Beispiel vom letzten Gespräch mit Ihren Freundinnen behauptet werden kann. Wenn diese Freundinnen mit Ihnen erörterten, warum Ihr Freund schon wieder X getan und gesagt hat, was er *vermutlich* in Wirklichkeit damit meinte, wie Sie sich deswegen fühlen sollten und unter welchen zukünftigen Umständen er dazu gebracht werden könnte, endlich mal Y zu sagen oder zu tun – glauben Sie uns ruhig, das war wesentlich abstruser, als es die Physik ist. Und nicht annähernd so illuminierend. Vergessen Sie Freud. Wenn wir Liebeskummer haben, sind wir mit Galilei wesentlich besser bedient.

Sie werden sich in der Physik schnell zu Hause fühlen, denn der Zusammenhang zu unserem täglichen Leben ist unmittelbar einleuchtend. Nehmen wir nur den Begriff der »schweren, trägen Masse«, die mit »viel Kraftaufwand beschleunigt« werden muss – welche Frau erkennt in dieser Beschreibung nicht sofort ihre Familie wieder, an einem ganz beliebigen Wochentag um sechs Uhr früh?

Oder denken Sie an Ihr Leben als berufstätige Frau und Mutter: Wenn Sie über die vielfachen Belastungen klagen, die Ihre

Konzentration zerstören und aus Ihrem Kopf einen Zettelkasten mit tausend Terminen, Sorgen und Verpflichtungen machen, dann definiert Ihr Partner das als übertriebenes Nörgeln, aber die Physik versteht, was in Ihnen vorgeht: »Die Ablenkung von Wellen durch kleine Hindernisse bezeichnet man als Streuung.« Genau! Wie soll die Welle Ihrer Lebensenergie jemals ihre volle Kraft entfalten, wenn Sie ständig an kleinen Hindernissen zerschellt und ihren Impetus verliert?

Doch die Physik bietet uns nicht nur Verständnis und Anteilnahme: Sie hat auch etwas sehr Poetisches an sich. »Das gesunde Herz hat keinen starren Rhythmus, sondern braucht die richtige Dosis Chaos« – solche Einsichten sind zugleich wohltuend wie literarisch. Überhaupt – die Chaostheorie ist Frauen geradezu auf den Leib geschrieben.

Und dann ist Physik auch noch sehr philosophisch. »An den Bewegungen interessiert nicht so sehr, welche Orte erreicht, sondern welche Strecken oder Wege zurückgelegt werden.« Das ist reines Tao – der Weg ist das Ziel.

Aber der weitaus wertvollste Beitrag der Physik für das Frauenleben ist es, die Richtung vorzugeben – die logische, sinnvolle Richtung für das Leben und Zusammenleben. Nicht die Richtung, die Sie sich zusammen mit Ihren Freundinnen aus irgendwelchen Ratgebern und mit Hilfe persönlicher Kontemplationen zusammengebastelt haben, sondern die Richtung, die auf Fakten und unweigerlichen Abläufen beruht. Nicht Vorwürfe, Unterstellungen und Selbstzweifel, sondern Kausalzusammenhänge sollten uns ab nun interessieren und unser Verhalten lenken.

Physik macht glücklich

Es war ein trüber Samstagnachmittag, grau und feucht wie im November, obwohl fast schon Frühling sein sollte. Hinter uns lagen Monate des Interviewens, und auch diese Begegnungen konnten sich aufs Gemüt schlagen. Nicht weil die Geschichten unserer Interviewpartner und -partnerinnen so tragisch waren, nicht weil uns so viele arme Menschen begegnet waren, niedergestreckt von den Schlägen eines gnadenlosen Schicksals. Nein, wir hatten es mit ganz normalen Leuten zu tun gehabt, gut situiert, nachdenklich, mit angesehenen Berufen, mit Freunden und Familien und einem ganz normalen, augenscheinlich sogar erfolgreichen Leben. Zermürbend war vielmehr der Grauschleier der Enttäuschung, der trotzdem über ihren Schilderungen lag, die Stimmung von fast erreichtem, dann aber knapp verfehltem Glück.

Paare, die sich einst geliebt, angehimmelt und großartig gefunden hatten, tauschten jetzt nur noch Vorwürfe aus und empfanden nur noch Frustration für ihre Beziehung. Ehemals begabte und lebensfrohe Frauen rezitierten verdrossen die Kette der Lebensrechnungen, die alle *nicht* aufgegangen waren, obwohl jede davon zum gegebenen Zeitpunkt den Eindruck der Korrektheit und Korrigierbarkeit gemacht hatte. Kluge und ehrgeizige junge Frauen beschrieben den logischen und intelligenten Plan, den sie aufgebaut hatten für den Weg, den sie zu gehen gedacht hatten. Nur um dann, schwups, impulsiv das Unheil verkündende Gegenteil davon zu tun. Ratlose Männer guten Willens saßen uns gegenüber und verstanden nicht, warum ihre Familien sie plötzlich hassten und ihre Frauen ihnen vorwarfen, sie hätten ihr Leben zerstört. Junge Paare, die sich auf ein Baby gefreut hatten, konnten nun, wo es da war, nur noch streiten oder ihre gegenseitige Wut hinunterschlucken.

Wir hatten Menschen getroffen, die Liebe suchten und nicht fanden; die meinten, sie gefunden zu haben, nur um verbittert zu erkennen, dass sie sich getäuscht hatten; die hilflos feststellen mussten, dass leidenschaftliche Hoffnungen und Gefühle sich umgewandelt hatten in trivialen Alltagsstreit und Entfremdung. Das ganze Pathos des Zusammenlebens – die Enttäuschungen, Fehler, Ratlosigkeiten dieser vielen Männer und Frauen, die zusammen glücklich sein wollten und das nicht fertig brachten – vermieste diesen ohnehin schon trostlosen Nachmittag noch zusätzlich.

Doch da fiel unser entmutigtes Auge auf ein Buch, von einem Schüler lustlos fallen gelassen, Physik, Oberstufe. Gelb und orange lachte uns der Umschlag entgegen, wie ein Sonnenstrahl. Wir schlugen es auf und blätterten halbherzig darin, um auf andere Gedanken zu kommen. Von unserem eigenen, lang zurückliegenden Physikunterricht hatten wir nichts mitgenommen außer einer blassen Erinnerung an seltsam riechende Übungssäle. Nun hatten wir dieses Buch vor uns und blickten auf einen ordentlichen Text, sachlich, schön strukturiert, das Wichtige mit gelben Umrandungen sichtbar hervorgehoben. Und die Inhalte erst: Da ging es schlicht und einfach um *alles*! Um den Kosmos, entschlüsselt und erklärt, zwar kompliziert, aber unendlich tröstlich in der stabilen Gesetzmäßigkeit seiner Komponenten.

Noch bevor wir uns bemühten, den Inhalt zu begreifen, faszinierte uns bereits die Form. Pfeile zeigten diszipliniert, ordentlich und unmissverständlich die Richtung physikalischer Bewegungen an. Auf formulierte Gesetzmäßigkeiten folgten sofort Gleichungen, die das Vorangegangene bestimmt untermauerten, auch wenn wir zunächst keine Ahnung hatten, was sie wohl bedeuten mochten. Es ging um Schwingungen und Bahnen und Abfolgen, die stets nur so und nicht anders ablaufen konnten und die sich mit grafischen Illustrationen darstellen ließen. Es war eine Wohltat, dieses Buch in Händen zu halten. Wie geruhsam, wie angenehm war dieser Zugang im Vergleich zu den Wirrnissen des menschlichen Zusammenlebens, die sich uns in den letzten Monaten präsentiert hatten!

Hie und da sprang uns, zwischen der Illustration einer Wirbelstrombremse und der Darstellung einer Satellitenbahn, ein Satz ins Auge, oder auch nur ein Satzfragment, aus dem Kontext gerissen und trotzdem von einer seltsam durchdringenden Relevanz.

Beschleunigte Uhren sind im relativistischen Sinne bewegt und gehen daher langsamer.*

Ein Satz von literarischer Schönheit – und gleichzeitig mussten wir dabei unweigerlich an zahlreiche Männer denken, die wir in den letzten Wochen kennen gelernt hatten. Diese Männer beschrieben sich selbst als Workaholics, und sie hatten im Namen des Familienwohlstandes fast jeden Berührungspunkt mit ihren Familien verloren. Lange geplante Familienurlaube, Kinder in Unfallstationen, plötzlich todkranke Frauen, eine nach jahrelangem Kinderwunsch endlich festgestellte Schwangerschaft – kein noch so herausragendes oder drastisches privates Ereignis stellte mehr ein Gegengewicht dar zu einem Arbeitsalltag, der diese Männer gänzlich aufgefressen hatte. Sie beschrieben ein unruhiges Gefühl des Angetriebenwerdens, eines beschleunigten psychischen Tempos, das sie nicht mehr losließ, auch wenn das eigene Verhalten ihnen selber schon irrwitzig erschien. Konnten sie überhaupt noch produktiv und kreativ sein, inmitten dieser hysterisch aufgeblasenen maschinellen Arbeitsethik, die sie umfangen hielt?

* Soweit nicht anders vermerkt, sind die in dieser Form hervorgehobenen physikalischen Grundsätze aus folgendem Buch zitiert:
Joachim Grehn u. Joachim Krause (Hrsg.): *Metzler Physik. Für die gymnasiale Oberstufe,* Hannover: Schroedel, 3. Aufl. 1998

Sie wirkten dynamisch, energisch und schnell, aber »gingen« sie nicht vielleicht durch das fehlende Gleichgewicht in ihrer Lebensgestaltung, durch die »Beschleunigung« letzten Endes langsamer als ein Mensch mit weniger hektischem Rhythmus?

Mitunter war es nur eine Phrase, die uns ins Auge stach. »Ein einfaches System mit chaotischem Verhalten ...« – in keinem soziologischen Buch hatten wir jemals zuvor eine derart perfekte Beschreibung der Ehe gefunden. Ein einfaches System, ja. Nur zwei Personen, ein Mann, eine Frau. Heterosexuell voneinander angezogen und miteinander verbunden, weil das bei der Spezies Mensch eben biologisch und emotional so organisiert ist – und wie viel Chaos konnten diese zwei Personen mitunter produzieren!

Was ist der Mensch?, fragten wir uns an diesem trüben Vorfrühlingstag. Energie und Materie. Und wir erkannten: Wir alle, wir SozialreformerInnen des 20. Jahrhunderts, wir haben uns von den zufälligen Streuungen ablenken lassen und hätten unser Augenmerk besser auf physikalische Grundgesetze gelenkt.

Viele Mädchen langweilen sich im Physikunterricht; nur ganz wenige junge Frauen wählen dieses Studienfach. Das liegt aber nicht an der Physik selbst, sondern an den Lehrbeispielen und Anwendungen, die Schulbuchautoren und Lehrer zur Illustration physikalischer Prinzipien vorzugsweise wählen. Flüssigkeitsraketenmotoren. Seifenhäute. Hochfrequenzoszillatoren. Potenzialverläufe bei Drehpendeln. Elektronenlinearbeschleuniger. Transformatorphasendiagramme.

Ehrbare Dinge allesamt, keine Frage, und sicherlich äußerst spannend auf ihre Art. Doch die Prinzipien der Physik lassen sich noch in ganz anderen, ungeahnten Bereichen anwenden. Mit etwas gutem Willen hilft die Physik dabei, die Scheidungszahlen herunterzudrücken, das menschliche Zusammenleben radikal zu verbessern und die Stellung der Frau in der Gesellschaft endlich ins rechte Lot zu bringen.

Physik erklärt den Ablauf der Dinge. Sie hält sich nicht mit wollte, sollte, möchte auf, sie erhebt keine Vorwürfe, protestiert nicht, hängt keinen sentimentalen Träumen nach. Sie zeigt uns, wie die Welt funktioniert, und davon haben wir letzten Endes viel mehr. *Wenn* ein gewisser Effekt erzielt werden soll, *dann* müssen diese und jene Bedingungen erfüllt sein. *Wenn* eine bestimmte Kraft auf eine andere Kraft stößt, *dann* wird folgendes Ergebnis eintreten ... So einfach ist das.

Besonders gut eignet sich die Physik dazu, das Zusammenleben zwischen Frauen und Männern zu analysieren. Zu verstehen, was zwischen Frauen und Männern abläuft, ist zu Unrecht bislang nur der Belletristik und den Sozialwissenschaften überlassen worden. Schließlich handelt es sich hier um physikalische Kräfte. Es geht darum, dass unterschiedliche Energieformen voneinander angezogen – und abgestoßen – werden.

Wenn es um andere Energieformen geht, wissen wir längst, dass es sehr gefährlich sein kann, sie nicht zu verstehen und daher nicht richtig mit ihnen umzugehen. Wasserenergie, Kernenergie, Fossilenergie, jede dieser Energieformen hat ihre Gesetzmäßigkeiten, ihre Risiken, ihre Kosten und braucht ihre Vorsichtsmaßnahmen. Das Gleiche gilt für die zwischenmenschliche Energie, doch hier unternehmen wir keine ernsthaften Versuche, die bestehenden Regeln und Abläufe wirklich zu erkennen. Energie geht verloren, destruktive Kräfte werden freigesetzt, Ressourcen werden verschleudert. Und falsche Träume verschleißen die Kraft unserer Sehnsucht.

Die Liebe zum Beispiel. Wer von uns träumt nicht davon, die echte, wahre Liebe zu finden? Doch vom gängigen romantischen Stereotyp beeinflusst, träumen wir von Hingabe, gegenseitiger Verschmelzung, totalem Verstehen, erlösendem Einswerden.

Die Physik sieht diesen Zustand nüchterner. Wer sich etwas näher mit Physik beschäftigt hat, läuft um sein Leben, falls ihn das eben beschriebene Gefühl erfasst hat:

Bei gleicher Amplitude der sich überlagernden Schwingungen ergibt sich völlige Auslöschung.

Völlige Auslöschung – um Himmels willen! Nein, das wollen wir doch nun wirklich nicht! Wenn wir versonnen in unserem Zimmer sitzen und uns romantischen Sehnsüchten hingeben, dann empfiehlt es sich unbedingt, nicht länger von der Liebe, sondern stattdessen von der Interferenz zu träumen.

Ja, die Interferenz, das wäre ein würdiges Thema für Poeten und Liedermacher, ein zärtliches Ziel, dem wir zu Recht unsere sehnsüchtigen Tagebucheintragungen widmen:

Zwei Kreiswellensysteme können sich ausbreiten und dabei teilweise überlagern und durchdringen, ohne sich dabei aber gegenseitig zu stören. Nach dem Zusammentreffen laufen die Wellen ungestört weiter. Die ungestörte Überlagerung mehrerer Wellen von gleicher Frequenz am selben Ort bezeichnet man als Interferenz.

Doch auch unser Alltag ergibt mehr Sinn, wenn wir ihn erst durch die sachliche Brille der Physik betrachten:

Ihr Schreibtisch ist stets unaufgeräumt, Ihre Korrespondenz unerledigt, Ihr Haushalt unorganisiert? Machen Sie sich keine Vorwürfe. Beschreiben Sie sich nicht als unordentlich und Ihr Umfeld nicht als Chaos. Der korrekte Begriff hierfür lautet »fraktal«.

Fraktale Strukturen haben einen eigenen ästhetischen Reiz, der auf der ihnen innewohnenden Mischung von Ordnung und Unordnung beruht.

Genau. Denken Sie also nicht an das mögliche Urteil Ihrer unangemeldet zu Besuch kommenden Schwiegermutter, orientieren Sie sich lieber an der verständnisvollen, verzeihenden Physik. »In meiner Küche sieht es heute aber wieder fraktal aus.«

Ähnlich höflich urteilt die Physik über Ihr Verhalten und Ihre Persönlichkeit. Sie fühlen sich manchmal so kraftlos, völlig ausgelaugt, von Ihrer Familie verzehrt, obwohl Sie sie lieben und sich ein Leben ohne sie nicht vorstellen möchten? Das ist absolut normal. Schließlich

ist jede freie Schwingung gedämpft, da sie Energie an die Umgebung abgibt.

Je mehr wir uns mit dieser Denkweise befassen, desto vertrauter und nützlicher wird sie uns erscheinen.

Zweifellos werden auch Sie schnell entdecken, dass Sie in Ihrem Leben bereits etliche grundlegende physikalische Prinzipien kennen gelernt haben. Vielleicht dieses:

Ein sich selbst überlassener Körper bewegt sich ohne äußere Einwirkung geradlinig gleichförmig oder bleibt in Ruhe.

Mit Verlaub, dazu hätten wir keinen Galilei gebraucht – jede Frau, die irgendwann gehofft hat, ein Mann werde von sich aus einen Heiratsantrag stellen, sich von einer Geliebten trennen oder auch nur freiwillig im Haushalt mitarbeiten, hat diese Beobachtung gemacht. Und deswegen kann man die männlichen Körper nicht sich selbst überlassen, sondern muss durch äußere Einwirkung – sprich Szenen, Drohungen, Verhandlungen – erreichen, dass sie ihre gemütliche Bahn verlassen und endlich das tun, was man von ihnen haben will.

Doch der Reihe nach. Schon das Zustandekommen zwischenmenschlicher Beziehungen kann großartig mit Physiksätzen erklärt werden. Das beginnt schon mit dem grundlegenden Urereignis, dem Gefühl der Attraktion zwischen zwei Menschen.

Ein Raum voll von Männern und Frauen – und gerade diese beiden fühlen sich zueinander hingezogen – ein bewegender Moment im Liebesfilm, aber auch in der Physik. Die beiden kennen sich noch gar nicht, und doch existiert zwischen ihnen schon eine undefinierbare, aber nicht zu leugnende Kraft mit messbaren Wirkungen – sie sind aufgeregt in Anwesenheit des anderen, fühlen ihre Gedanken sogar in Abwesenheit zur anderen Person hingezogen ... das Mysterium der Liebe? Nun ja, jedenfalls ein klarer Fall von Gravitation.

Gravitation beschreibt die Wechselwirkungen zwischen Körpern, zwischen denen keine materielle Verbindung besteht.

Jetzt hängt es davon ab, ob die Anziehung wechselseitig oder nur einseitig ist. Ist sie wechselseitig, so kann eine materielle Verbindung folgen. Die Physik nennt die Dinge beim Namen, daher beschreibt sie diese Verbindung nicht sehr poetisch, aber zweifellos akkurat als »Stoß«.

Ein Stoß heißt zentral, weil sich die stoßenden Körper mit ihren Schwerpunkten entlang einer Geraden aufeinander zu bewegen.

Doch nun kann es unterschiedlich weitergehen, je nachdem:

Ein Stoß heißt elastisch, weil sich beide Stoßpartner nach dem Stoß wieder trennen. Er heißt unelastisch, wenn die Körper nach dem Zusammentreffen miteinander verbunden bleiben.

Und genau hier machen viele Frauen auch heute noch zwei entscheidende Denkfehler.

Erstens klammern sie sich mit jeder Faser ihres Wesens an ihr neues Gegenüber, wo sie stattdessen erkennen sollten, dass eine elastische Verbindung auch für sie viel besser ist als eine unelastische Klebebindung. Je klebriger und klammernder, desto sicherer und besser – so lautet ihre gefährliche Beziehungsdevise.

Zweitens erwarten sie sich bei fortlaufender Interaktion eine grundsätzliche wesensmäßige Veränderung ihres Beziehungspartners. »Wenn er mich erst liebt, dann wird er das und jenes nicht mehr tun, dann wird er sich in dieser Hinsicht ändern, dann wird er jenes störende Verhalten nicht mehr an den Tag legen« etc. Doch so läuft es nicht, physikalisch gesprochen:

Die Summe der Impulse vor dem Stoß ist gleich der Summe der Impulse nach dem Stoß.
Der Impulserhaltungssatz ist für die Physik von fundamentaler Bedeutung.

Von fundamentaler Bedeutung wäre dieser Satz auch für die Frauen, wenn sie ihn sich bloß endlich zu Herzen nehmen würden! Der Mann, bevor du ihn liebst, ist genau der gleiche Mann, der er sein und bleiben wird, nachdem du ihn liebst. Er ist und bleibt genauso geizig oder großzügig, so verlässlich oder unverlässlich, so treu oder untreu, so gesellig oder zurückgezogen. Das Kalkül der Frauen, eine Beziehung zu einem Mann mit störenden Eigenschaften einzugehen in der Erwartung, ihn danach zu verändern, ist schlichtweg falsch. Dieser Plan widerspricht dem Impulserhaltungssatz. Und der ist, siehe oben, fundamental.

Nein, weitaus klüger ist es, einen Partner zu suchen, der die erwünschten Eigenschaften bereits besitzt. Mit ihm kann eine Beziehung eingegangen werden – wobei wir uns, meine Damen, vom unheilvollen, vorbelasteten Begriff der »Beziehung« eigentlich verabschieden und ab nun zutreffender und besser von einem »thermodynamischen System« sprechen sollten.

Denn überlegen Sie bitte, was geschieht in einer Beziehung? Es werden Dinge ausgetauscht. Es werden Ziele gemeinsam angestrebt, weil man für diese Ziele entweder einen Zweiten braucht

(Konversation, Freizeit, Sex), speziell einen andersgeschlechtlichen Zweiten braucht (Reproduktion) oder die Arbeitskraft = Energie eines Zweiten braucht (Haushalt gründen, Familie haben, Geld ansparen etc.).

In der resultierenden Beziehung entsteht ein ständiger Austausch an Gefühlen, Meinungen, Gefälligkeiten, Berührungen, Arbeiten, Gegenständen, Handreichungen usw. Und bei genauerer Betrachtung lassen sich diese ausgetauschten Dinge in zwei Kategorien teilen, nämlich in emotionale und in mechanische Leistungen. Wir geben Fürsorge und Geschenke, hören Anteil nehmend zu oder packen mit an.

Die Änderung der inneren Energie eines thermodynamischen Systems ist gleich der Summe der ausgetauschten Wärmeenergie und der ausgetauschten mechanischen Energie.

Diesem Prinzip ist sofort zu entnehmen, was eine gute Beziehung von einer schlechten Beziehung, eine glückliche Ehe von einer unglücklichen Ehe unterscheidet: Der Austausch muss stimmen, beide Seiten müssen ausgewogen viel Wärme bekommen und ausgewogen viel Möglichkeit haben, um selbstständig – mechanisch – zu handeln. Auch eine für uns Frauen etwas unbequemere Einsicht folgt daraus: Wenn es schief geht, sind beide schuld. In der Physik gibt es keine Opfer, denn:

Kräfte zwischen Körpern treten nie einzeln, sondern immer paarweise auf.

Wo es einen Haustyrannen gibt, da gibt es unweigerlich auch jemanden, der sich tyrannisieren *lässt*. Wo es einen gewalttätigen Ehemann gibt, finden wir eine Frau, die trotzdem bei ihm geblieben ist. Sonst wäre er kein gewalttätiger Ehemann, sondern ein inhaftierter Ex-Ehemann.

Und dies lässt sich fortsetzen: Wo wir Umweltverschmutzung haben, da haben wir Politiker, die es geschehen lassen. Wo wir korrupte oder inkompetente Politiker haben, da haben wir BürgerInnen, die sie gewählt haben oder die sie, wenn sie gar nicht gewählt haben, nicht verhindert haben.

Diese ernüchternde Einsicht hat eine erbauliche Kehrseite:

Zu jeder Kraft gibt es stets eine gleich große entgegengesetzt gerichtete Kraft.

Warum sehen dann aber manche Beziehungen so extrem ungleich aus, fühlen sich manche Situationen so unfair an, und warum ist oft wirklich schwer erkennbar, was die scheinbar schwächere Seite gegen die scheinbar stärkere Seite unternehmen könnte?

Antworten auf diese Fragen erhalten wir, sobald wir uns den folgenden dreigeteilten Erklärungssatz ansehen.

Teil I: Die inneren Kräfte zwischen den Körpern eines Systems halten sich bezüglich des Systems das Gleichgewicht. Denn es gehört immer zur Kraft auf irgendeinen Körper des Systems die entgegengesetzt gleiche Wechselwirkungskraft auf einen anderen Körper des Systems.

Sie sind unglücklich, Sie werden schlecht behandelt, ein Unrecht ist Ihnen geschehen – aber haben Sie sich deswegen aus dem System entfernt? Wenn nicht, dann sind Sie auch weiterhin zu genau gleichem Anteil wie Ihre »Gegenkraft« an allem beteiligt, was in diesem System geschieht. Sie sind passiv geblieben, haben gar nichts getan und fühlen sich deshalb unschuldig, unbeteiligt und missbraucht? Ein Denkfehler. Passiv bleiben heißt nur, seine Energie abzugeben an denjenigen, der dann schließlich handelt.

Aber Physik ist fair und demokratisch. Wenn sie die Opfer

nicht bedauert, so gibt sie den Opfern auch nicht die Schuld. Denn sie weiß: Das System schwebt nicht im luftleeren Raum.

Teil II: Die Bewegung des Systems als Ganzes wird durch die äußeren Kräfte bestimmt.

Wenn Frauen nicht studieren dürfen, wenn Frauen mit der Eheschließung das Dispositionsrecht über ihr Eigentum verlieren, wie es bis Anfang des 20. Jahrhunderts in Europa gesetzlich vorgesehen war, dann handelt es sich dabei um äußere Kräfte, die unweigerlich Einfluss nehmen auf das System, also auf den Ablauf der individuellen Ehe oder Beziehung. Das Wesen und die Macht der äußeren Kräfte ist von Kultur zu Kultur und Epoche zu Epoche sehr unterschiedlich. Europäische Frauen müssen sich von äußeren Kräften heute kaum noch aus der Bahn werfen lassen. Es sei denn, sie sind unglückseligerweise von Teil III dieses Erklärungssatzes betroffen:

Teil III: Die Resultierende der äußeren Kräfte bewirkt die Bewegung des Systemschwerpunktes – wenn man von Drehungen und Verformungen des Systems absieht.

Haben Sie eine gute, gleichberechtigte Beziehung? Wenn Sie Europäerin sind, dann hängt das fast ausschließlich von Ihnen selber ab: davon, wie und mit wem Sie Ihren Energieaustausch vornehmen. Das Einzige, was Ihnen in die Quere kommen kann, sind diese zuletzt angesprochenen »Drehungen und Verformungen«. Die dummen Sachen, die Sie lesen oder hören und von denen Sie sich beeinflussen lassen. Die vermeintlichen Meinungen irgendwelcher Leute, die Ihnen eigentlich egal sein sollten. Die Flausen, die Ihnen irgendwann in den Kopf gesetzt wurden und die Sie nun zu unklugen Impulshandlungen veranlassen.

In diesem Buch werden wir uns diese Drehungen und Verformungen noch genauer anschauen. Wir werden sehen, welche vermeidbaren Fehler Frauen und Paare machen, und wie sich dadurch ihr Systemschwerpunkt verschiebt. Insbesondere werden wir sehen, wie Frauen sich durch ein Übermaß an emotionalen Leistungen um ihre Lebenskraft bringen lassen, denn:

Was als Wärmeenergie an die Umgebung abgeführt wurde, muss als Verlust an mechanischer Energie gewertet werden.

Die Physik ist eine optimistische, kreative Wissenschaft, aber keine Scharlatanerie. Depressionen sind in der Physik gänzlich unangebracht, Realismus ist gefordert. Haben Sie Fehlentscheidungen getroffen, den falschen Weg gewählt, sich ausbeuten lassen? Läuft Ihre Beziehung schlecht, weil Sie Ihrem Partner viel zu viele Zugeständnisse gemacht haben? Es ist nie zu spät, all das ist korrigierbar – wenn auch nur mit Arbeit:

Zwar ist es möglich, bei von allein in einer Richtung ablaufenden Prozessen den Anfangszustand wiederherzustellen ... jedoch nur unter Einsatz von Energie.

Klingt zwar etwas anstrengend, aber immerhin wissen wir jetzt, dass wir keinen Anlass haben zur Resignation. Und tatsächlich werden wir in diesem Buch Frauen begegnen, die das Ruder um 180 Grad herumgerissen haben und ihre ursprüngliche Richtung wieder aufnehmen konnten.

Politisch enthält die Physik für Frauen und für fortschrittliche Menschen zweifach eine richtig gute Nachricht. Genau genommen ist sie ziemlich revolutionär – kein Wunder, dass konservative Institutionen wie die Kirche versuchten, Physiker zum Schweigen zu bringen, notfalls durch Gewalt. Mit der unwiderlegbaren

Macht ihrer Logik beweist die Physik, dass *Fortschritt unaufhaltbar* und *Gleichheit der natürliche Zustand unserer Welt* ist.

Wenn die Aufs und vor allem die Abs der menschlichen Geschichte uns zusetzen, wenn wir uns müde fragen, warum es immer noch Ungerechtigkeit, Vorurteile und Rassismus gibt, warum Frauen noch immer für ihre Gleichwertigkeit kämpfen müssen, dann dürfen wir Trost und Mut beziehen aus der Physik. Nichts Geringeres als die Kraft des Kosmos garantiert letztlich unseren Sieg. Ungleichheit lässt sich auf Dauer einfach nicht halten, weil ungleiche Dinge sich immer mehr angleichen, und zwar immer zugunsten des Schwächeren, des Benachteiligten. Der Wärmere erwärmt den Kälteren, bis sie gleich warm sind; der Schwächere gewinnt an Kraft, bis er dem Stärkeren gleich ist. Das tritt nicht sofort ein, für unseren Geschmack meistens auch nicht schnell genug – dafür aber unweigerlich.

Mit zunehmender Zeit wird ... die Verteilung von Teilchen gleichmäßiger. Alle natürlichen Vorgänge verlaufen so, dass ein Zustand erreicht wird, in dem Materie und Energie möglichst gleichmäßig über den zur Verfügung stehenden Raum verteilt sind. Das Weltall ... strebt einem Zustand der Gleichverteilung ... zu.

Sie fürchten einen Rückfall? Den kann es nicht geben. Auch wenn es manchmal so aussieht, als hätte sich der Wind gedreht und die hart erkämpften Errungenschaften der letzten Jahre seien gefährdet, so handelt es sich dabei bloß um kleine Hindernisse, um unbedeutende Streuungen. Es kann gar nicht zurückgehen, es geht nur vorwärts. Ein Prozess ist nicht umkehrbar:

Alle in der Natur vorkommenden und alle technischen Prozesse sind irreversibel. Sie verlaufen grundsätzlich nur in einer Richtung.

Archimedes verliebt sich

Ein Schiff schwimmt, weil nach dem Archimedes'schen Prinzip die Auftriebskraft der verdrängten Wassermenge gleich der Gewichtskraft des Schiffes ist. Seine Stabilität gewinnt es aus dem Gegeneinander von Auftriebs- und Gewichtskraft. Liegt der Schwerpunkt oberhalb dem Schnittpunkt, weil das Schiff hoch beladen oder weil es ungünstig gebaut ist, richtet sich das Schiff bei größerer Krängung nicht wieder auf.

Vielleicht fragen Sie sich, was das Zusammenleben moderner Paare mit einem Schiff zu tun hat. Die Antwort lautet: eine ganze Menge. Ein Schiff schwimmt, wenn es stabil ist. Es »krängt« (liegt schief) und kentert womöglich sogar, wenn es nicht stabil ist. Und dasselbe gilt für Beziehungen.

Es ist traurig mit anzusehen, wenn ein Schiff kentert und sinkt, womöglich begleitet von Ölteppichen, Umweltvergiftung und Vogelsterben. Und es ist ärgerlich zu erfahren, dass häufig menschlicher Irrtum dafür verantwortlich ist, dass da nicht unvorhersehbar und unverhinderbar eine Naturkatastrophe eingetreten ist, sondern dass eine betrunkene oder abgelenkte Crew das Unglück herbeiführte.

Und es ist traurig mit anzusehen, wenn Paare die Stabilität ihrer Beziehung mutwillig zerstören. Wenn sie unter haarsträubender Missachtung des Archimedes'schen Prinzips Dinge tun, die ihr

Zusammenleben in eine Schräglage bringen *müssen*. Und wenn es noch dazu die Frau ist, die sich selber und die Beziehung in eine gefährliche Schräglage bringt ... aber sehen Sie selbst.

Paula ist eine hoch qualifizierte und ehrgeizige Frau. Schon als kleines Mädchen hat sie den Wunsch gehabt, Technikerin zu werden. Tatsächlich studiert sie dann an einer technischen Universität Betriebsinformatik. Danach bekommt sie einen Job bei einer mittelgroßen Firma und arbeitet sich dort acht Jahre lang hoch. In der Firma ist sie sehr beliebt.

Mann, Kinder, Familie, das alles ist auch nicht schlecht, das will sie außerdem auch gerne haben. Wobei sie weiß, dass sie kein sehr häuslicher Typ ist. Charaktermäßig beschreibt sie sich als »Herdentier«, als jemand, der sich in einer großen energiegeladenen Gruppe am wohlsten fühlt und jeden Abend mit vielen Leuten unterwegs sein könnte. Und als »Workaholic«, als eine, die man abends mit Gewalt aus dem Büro verjagen muss, weil sie so gerne an Lösungen tüftelt und sich so in ihre Projekte vertieft. Was nochmals Häuslichkeit und Familie betrifft: Mit Kindern kann sie eigentlich nicht sehr viel anfangen, aber das ändert sich vermutlich, wenn man eigene hat. Das sagen ihr jedenfalls immer die Leute, wenn sie ihnen ihre Zweifel bezüglich ihrer mütterlichen Eignung anvertraut.

Auf einer Party lernt sie Markus kennen – ein Wunder eigentlich, denn Markus geht kaum auf Partys und meidet solche Anlässe normalerweise. Markus ist ebenfalls Betriebsinformatiker, doch das ist nicht sein einziger Lebensinhalt. Er ist mehr ein Allrounder: Er liest gerne, bastelt gerne, kocht gut, diskutiert lange mit ein paar wenigen guten Freunden.

Zum Zeitpunkt ihres Kennenlernens ist er ziemlich down, weil eine dreijährige Liebesbeziehung gerade zu Ende gegangen ist. Den Verlust der Freundin kann er ja verkraften – das war schon seit Monaten absehbar, und sie haben sich einfach nicht mehr vertragen. Was er mehr vermisst, ist die kleine Tochter seiner Ex-Freundin. Die war ein Baby, als er mit ihrer Mutter zusammenzog, und eigentlich hat er sich fast schon wie ihr richtiger Vater gefühlt. Kinder findet er generell toll. Am liebsten hätte er vier davon.

Paula und Markus finden einander interessant, sehen sich immer öfter, heiraten schließlich. Es vergeht einige Zeit, bis es zum Zeitpunkt des Interviews so aussieht:

Paula sitzt mit dem ersten Baby, geboren vor zwei Monaten, zu Hause. Ihre aktuelle Karriereplanung besteht darin, das Tragetuch so zu binden, dass die Hände frei bleiben für die Computertastatur – damit sie hier ein paar Minuten, dort ein Viertelstündchen programmieren kann. Markus hat ihren ehemaligen Job übernommen. Das hat den Vorteil, »dass ich wenigstens ein bisschen mitkriege, was in der Firma läuft, was los ist. So kann ich wenigstens mal über andere Themen reden als über volle Windeln.«

Dann sinniert sie noch traurig darüber, dass sie ihren alten Job zwar theoretisch, in Wahrheit aber natürlich nicht mehr zurückhaben kann – sie kann doch Markus nicht die Stelle wegnehmen, in der er sich mittlerweile gut eingelebt hat. Außerdem wollen sie weitere Kinder haben, mindestens eins, vielleicht zwei, wenn es nach Markus geht, sogar drei. Da lohnt sich nichts anderes als ein bisschen Teilzeitjobben, sonst hat man sich gerade eingearbeitet in eine Firma und steigt schon wieder aus.

Klassisch. Hier hat ein böser Patriarch eine arme Frau um ihr Talent beraubt und um ihre Lebensambitionen betrogen – oder? Bedenken wir unser physikalisches Wissen und besinnen wir uns auf den Satz

Kräfte zwischen Körpern treten nie einzeln, sondern immer paarweise auf.

Mit diesem Leitsatz im Kopf wird es uns nicht mehr verwundern zu erfahren, dass Markus keineswegs derjenige war, der Paula aus ihrem geliebten Beruf verdrängt und eine Hausfrau aus ihr gemacht hat. Im Gegenteil, er wäre eigentlich viel lieber selbst in Erziehungsurlaub gegangen. Und er war nicht bloß irgendwie lauwarm und theoretisch dazu bereit, sondern er wünschte es sich ausgesprochen. Sogar jetzt noch schlägt er immer wieder vor, das zweite Jahr der Erziehungszeit zu nehmen oder Paula gleich nach der Stillzeit abzulösen.

Warum lehnt Paula diese Angebote ab, obwohl seine Lösung ihnen allen entgegenkommen würde? Hier sind Paulas Beweggründe in Kurzfassung:

1. Paula hat Angst davor, ihr ureigenstes Terrain, den ihr angestammten Platz im Universum, zu riskieren. Die Nähe zum Kind, die Rolle als erster, bester und wichtigster Elternteil – das ist vielen Frauen kostbar. Sogar Frauen wie Paula, für die Kinder gar nicht der eigentliche Lebensmittelpunkt sind, halten fest an dieser alten weiblichen Sonderstellung.
2. Paula ist hypnotisiert von gewissen Phrasen, von gewissen Vorgaben für das moderne zwischengeschlechtliche Zusammenleben, die sie ständig hört. Diese Phrasen und »Weisheiten« sind sozusagen die Werbeslogans, die heimlichen sozialen Ohrwürmer unserer Epoche. »Frauen mögen berufstätig sein, aber der Mann ist trotzdem das ökonomische Fundament der Familie.« »Eine Frau, die ihren Kindern nicht der primäre Elternteil ist, ist eine schlechte Mutter.« »Ein Mann, der in Erziehungsurlaub geht, ist kein richtiger Mann.« Sogar eine Frau wie Paula, eigentlich ganz anders gepolt, kriegt diese Ohrwürmer nicht aus dem Kopf.
3. Paula fürchtet sich vor sozialer Missbilligung. Was werden die Leute sagen, wenn
   - sie ihrem Mann den Job wieder wegnimmt, den er von ihr übernommen hat?
   - ihr Mann zu Hause bleibt bei den Kindern, während sie Karriere macht?
   - die Kinder ihren Vater mehr lieben und ihm näher stehen als ihrer Mutter?

Unausgesprochene Tabus und Erwartungen dieser Art markieren die Grenzen unserer Bewegungsfreiheit – wenn wir es zulassen. Paula lässt es zu. Hören wir uns an, mit welchen Gedankengängen.

»Was mir in der Schwangerschaft und schon davor Angst machte, ist, dass Markus mit Kindern besser umgehen kann als ich. Das ist zwar zugleich auch sehr schön, aber eigentlich ist es ein komisches Gefühl. Also wenn wir zum Beispiel früher schon bei irgendwelchen Freunden waren und es gab da Kinder, egal welchen Alters, zwei bis zwölf, dann hat Markus sofort mit ihnen gespielt, auf eine ganz nette, natürliche Art. Kinder sind immer total begeistert von ihm. Ich hingegen bin Kindern gegenüber schüchtern, besonders wenn ich sie nicht kenne. Ich hab keinen Draht zu ihnen. Ich fühle mich richtig verkrampft: Was sag ich jetzt zu ihnen, in welchem Tonfall, und wenn ich was sage, ist das jetzt nicht zu kindisch für die oder zu erwachsen ... ich bin da einfach nicht so locker und offen.

Dass ich daheim bleibe, war eigentlich ein Prozess für mich. Sonst habe ich mich eher als emanzipiert gesehen und habe gemeint: ›Warum müssen immer die Frauen daheim bleiben, das ist ja unfair.‹ Dann war es beim Markus so, dass es bei ihm nicht nur ein Lippenbekenntnis ist, sondern dass er wirklich gerne in Erziehungsurlaub gehen würde. Als mir das bewusst wurde und ich mir das real vorgestellt habe, ist mir klar geworden, dass ich das eigentlich gar nicht will. Ich muss doch bei meinem Kind sein, nicht nur am Abend und am Wochenende. Markus hat nicht widersprochen, aber er sagt auch jetzt noch manchmal, so fix sei es nicht, und wir könnten es uns ja noch überlegen. Und später mal könnte der- oder diejenige von uns, wer halt den besseren Job findet, voll arbeiten und der andere könnte sich mehr um die Kinder kümmern.

Ich glaube aber, dass es nach wie vor in einem Unternehmen schwerer akzeptiert wird, wenn der Mann sich wegen der Kinder zurücknimmt. In unserem Umfeld traut sich zwar keiner mehr es offen zu sagen, aber denken tun sie es sich noch. ›Aha, der ist jetzt für eineinhalb Jahre weg, auf den kann man sich nicht verlassen und er kommt seiner Pflicht nicht nach, er lässt das Unternehmen im Stich …‹«

In ihrem Berufsleben hatte Paula den Ruf, innovativ zu denken, stets die ausgefallene Lösung zu finden. In ihrem Privatleben verliert sie nicht nur ihr kreatives Talent, sondern sogar ihre Logik. Zwei Personen bekommen ein Kind, eine/r von ihnen muss im Job pausieren, um das Kind zu betreuen. Person A will es machen, meldet sich freiwillig für die Aufgabe, ist gerne mit Kindern zusammen und weiß auch genau, was da auf einen zukommt – Markus hat nämlich schon mal mit einem Baby zusammengelebt. Person B ist hingegen stark berufsorientiert, hat keinen besonderen Draht zu Kindern und kann sich darunter wenig vorstellen. A und B verdienen gleich viel.

Die logische Wahl fällt auf Person A – aber Person B drängt sich vor. Ohne rationalen Grund, sondern nur weil sie befürchtet, es könnte irgendwie irgendwelchen undefinierten Personen gegenüber »komisch« wirken, wenn sie nicht deutlich die Mutterrolle übernimmt.

Betrachten wir nochmals ihren letzten Satz: Wenn Markus daheim bliebe, würden die Leute in der Firma denken, dass er sich als Mann damit unzuverlässig verhalte.

So denken Firmen im Moment über Frauen. Und das wird sich erst ändern, wenn konträre Erfahrungen diese Vorurteile ablösen. Warum fühlt sich Paula, die innovative Querdenkerin, angesichts eines Stereotyps verpflichtet, dem Stereotyp gerecht zu werden?

Sie befindet sich im Kraftfeld von *äußeren Kräften* (den gesellschaftlichen Erwartungen) sowie von *Drehungen und Verformungen* (ihrer Persönlichkeit, die diesem Einfluss nicht standhält).

Wenn Frauen und Männer heute zusammenleben, dann unter einem von drei Vorzeichen.

Manche Paare halten es noch traditionell. Vielleicht verwenden sie die alten Ausdrücke nicht mehr, aber die Frau ist trotzdem so etwas Ähnliches wie eine Hausfrau, der Mann so etwas Ähnliches wie der Familienernährer. Wie die Statistiken zeigen, ist dies ein Auslaufmodell.

Andere Paare sehen sich als mutige Pioniere. Vorgaben und Klischees sind ihnen egal, eher sogar zuwider. Sie entwickeln ein gleichberechtigtes, innovatives Zusammenleben, oft mit unkonventionellen Lösungen für das Management ihrer Karrieren und Kinder.

Die meisten Paare aber verharren heutzutage in einem seltsamen Schwebezustand der Fast-Partnerschaft. Dass eine Beziehung »partnerschaftlich« sein soll, würden sie unterschreiben. In ihrem eigenen Zusammenleben aber machen sie kurz vor diesem Ziel Halt. Ironischerweise hat dieses Scheitern eine absolut partnerschaftliche Dimension: Es beruht auf Gegenseitigkeit. Das Paar einigt sich stillschweigend darauf, echte Partnerschaft zu meiden.

Wenn wir genau hinsehen, können wir bei dieser Vermeidung von Partnerschaft eine »Arbeitsteilung« ausmachen. Die Frau entmutigt den Mann, wenn er sich in »weibliche« Kompetenzbereiche hineinbewegt. Der Mann hält die Frau subtil davon ab, ihre beruflichen und sonstigen Ziele zu verfolgen.

Um Partnerschaft zu vermeiden, müssen beide fest daran arbeiten, sie zu verhindern. Das geben sie natürlich nicht zu; sie vertreten meist ganz moderne, progressive Einstellungen. Wenn aber dann eine echte Entscheidung ansteht und es darauf ankommt, schubsen sie sich gegenseitig in ihre traditionellen Bereiche zurück.

Frauen zum Beispiel sabotieren oft und energisch die Versuche ihrer Männer, engagierte und aktive Väter zu sein. Vielleicht murren sie darüber, wie viel sie zu tun haben, wie überlastet sie sind und worauf sie beruflich verzichten müssen. Wenn der Mann aber Anstalten macht, sich wirklich und authentisch zu beteiligen, dann blockieren sie das mit allen Mitteln.

Kürzlich führten wir eine Studie über Erziehungszeit. 0,2 Prozent aller Väter beanspruchen demnach Erziehungsurlaub, eine lächerliche Zahl. Wenn darüber diskutiert wird, gehen immer alle davon aus, dass die Männer sich eben dagegen sträuben, zu Hause zu bleiben und beruflich zurückzustecken. Auch wir waren fest davon überzeugt, dass die Männer sich hier nicht häufiger engagierten, weil sie es einfach nicht tun wollten. Dass ein Mann gern in Erziehungsurlaub gehen möchte, seine Partnerin ihn aber davon abhält, dieses Muster hatten wir jedoch nicht erwartet – bis uns genau solche Paare begegneten, und zwar relativ oft.

Wenn eine Beziehung eine bestimmte Entwicklung nimmt – wenn sie zum Beispiel nach ein paar Jahren wesentlich traditioneller geworden ist als am Anfang –, dann hat nicht der eine dem anderen gegenüber die Richtung vorgegeben, sondern beide Partner haben wechselseitig als Paar gehandelt. Und es erfordert gar nicht sehr viel Kraft, einen Partner in seine traditionellen Geschlechterschranken zurückzuweisen. Ein vielsagender Seufzer über den ach so ungeschickten Handgriff, den der Vater geleistet hat, rollende Augen und der Satz »Lass vielleicht lieber mich das machen« – und schon hat die Frau ihre traditionelle Hoheit in diesem Bereich verteidigt.

Ähnlich leicht lassen Frauen sich von ihren beruflichen Zielen abbringen. Der Mann muss nur den richtigen Augenblick – wenn sie gerade müde oder entmutigt ist – abwarten und ihr mit liebevoll-resoluter Männerstimme nahe legen, sich diese Belastung doch nicht anzutun, sondern den harten Lebenskampf ihm zu überlassen, wo er doch ohnehin die besseren Chancen hat.

Noch immer haben Frauen in Bezug auf Erziehung, Männer in Bezug auf Beruf einen Startvorteil, einen Heimvorteil. Die Umwelt gesteht ihnen in diesen jeweiligen Bereichen mehr Talent und mehr Rechte zu. Ein leichter Stoß mit dem Ellenbogen, und das zögerliche Vortasten des Partners in neues Terrain nimmt schon wieder ein Ende.

Eine groß angelegte, repräsentative amerikanische Studie untersuchte einen Querschnitt aller modernen Beziehungen und Ehen und bestätigte die drei oben genannten Kategorien:*

Eine erste Gruppe lebt noch immer die ganz traditionellen Beziehungen mit klassischer Arbeitsteilung. Der Mann geht zur Arbeit, die Frau bleibt zu Hause bei Kind, Meerschweinchen und Gummibaum.

Die zweite Gruppe betrachtet sich als modern und bekennt sich zu Gleichheit und echter Partnerschaft. Ihre Mitglieder bejahen das Recht der Frau auf berufliche Verwirklichung und wirtschaftliche Unabhängigkeit sowie das Recht des Mannes auf aktive Vaterschaft. Sie finden, dass Hausarbeit und Erziehungspflichten geteilt werden sollten. Sie streben eine gleichberechtigte Beziehung an. Aber sie bringen diese Gleichberechtigung nicht zuwege – nicht ganz. Ja, beide Partner sind berufstätig. Aber de facto bleiben Haushalts- und Familienpflichten in diesen Beziehungen Frauenarbeit. SIE nimmt den Erziehungsurlaub. SIE gestaltet ihren Job flexibel, um sich den wechselnden Umständen der Familie anpassen zu können. Beziehungsinterne Entwicklungen, die vom Gleichheitsprinzip abweichen, werden von diesen Paaren pragmatisch begründet und als kurzfristige Ausnahmesituation definiert.

Die dritte Gruppe lebt in echt egalitären Beziehungen. Und wenn Sie nun geistig schon eine Schar von alternativ gestylten Feministinnen mit ihren vegetarischen Softie-Männern vor sich sehen, dann irren Sie sich. Viele haben eine traditionelle Ehe hinter sich und wollen so etwas nie mehr erleben. Die weiblichen Gesprächspartner erklärten, dass sie sich in ihrer ersten Ehe nicht bewegen konnten, dass sie sich bevormundet und ungerecht behandelt fühlten. Und auch die Männer hatten ihre traditionelle Ehe als belastend empfunden: Sie wollten sich nie wieder so umfassend für das emotionale und finanzielle Wohlergehen einer

---

* Pepper Schwartz: *Peer-Partner: Das ideale Paar. Was Gleichheit im Zusammenleben wirklich bedeutet*, München: Ernst Kabel 1996

Partnerin verantwortlich fühlen und suchten sich bewusst eine selbstständige, berufstätige Partnerin, die sich in einer Beziehung behaupten konnte.

Unsere nächsten jungen Leute sind noch nicht einmal ein richtiges Paar, aber sie drehen und verformen sich bereits gehorsam und kooperativ vorbereitend, sozusagen in Antizipation der äußeren Kräfte, die auf sie einwirken *könnten*. Sie streben – vermutlich nicht absichtlich – den Niemandslandzustand der Fast-Gleichheit an.

Harri ist Student und kommt auch gut voran mit seinem Studium, doch seine wirkliche Leidenschaft gilt der Death Metal Band, die er mit ein paar Freunden betreibt. Ansonsten hat er noch einen Teilzeitjob in einem Kopierladen und eine Freundin, Tina. Tina war Sekretärin, bis sie dem Abteilungsleiter positiv auffiel und in eine Fortbildung geschickt wurde. Sie arbeitet jetzt voll in der Messeorganisation und nimmt weitere Fortbildungskurse am Abend.

Seit einem halben Jahr lebt sie mit Harri zusammen. Die beiden sind ein nettes, punkiges Paar – zwei exotisch anmutende junge Menschen mit pechschwarz gefärbten Haaren, geschmackvollen kleinen Piercings durch die Augenbrauen und einer ruhigen Art. Die Wohnung gehört seiner Familie, die Betriebskosten zahlt er, die restlichen Kosten teilen sie sich, den letzten Urlaub hat sie bezahlt, die Hausarbeit macht meist er, am Wochenende kocht sie – es ist eine lockere, improvisierte Arbeits- und Finanzregelung, von der beide Seiten den Eindruck haben, dass sie fair ist.

Nur zwei Dinge fallen aus dem Rahmen und stören das Bild.

Da gibt es einmal das Streitthema Freizeit. Für Harri steht die gesamte Freizeit unter dem Stern der Musik. Entweder probt er mit der Band, oder er tritt auf mit der Band, oder er trinkt Bier mit der Band, oder er besucht Partys, wo Mitglieder anderer Bands sich über Bands unterhalten. Tina mag Musik, ist durch Harri sogar auf den Death-Metal-Geschmack gekommen. Aber in seinen Kreisen fühlt sie sich dennoch als Außenseiterin, oder sagen wir besser als Anhängsel. Gemeinsam mit anderen mitgebrachten Freundinnen sitzt sie herum und hofft, dass der Abend schnell vorübergehen möge. Über Musik kann sie sich unterhalten, aber doch nicht stundenlang, und mit den anderen Frauen hat sie keine echten Gemeinsamkeiten – wie auch? Nur der Zufall, dass jede von ihnen einen von Death Metal begeisterten Freund hat, führt sie schließlich zusammen.

Harri beschreibt die Situation so:

»Das Problem ist, dass wir in der Band sehr viel über Musik reden. Die Leute, die wir treffen, spielen auch alle in irgendeiner Band, und dadurch ergeben sich sehr fachspezifische Gespräche, die Tina nicht so nachvollziehen kann. Sie selber hat keinen eigenen Kreis. Daher wirkt es in der Öffentlichkeit sicher so, dass ich der starke Mann in der Beziehung bin, weil ich immer das Wort führe. Zu Hause ist sie dann irgendwie lockerer, vielleicht bin zu Hause auch ich anders. Sie wirkt ein bisschen schüchtern auf Partys. Ich rede und sie steht meist daneben, sogar wenn sie die Leute kennt. Wenn wir über andere Themen sprechen, dann redet sie eigentlich schon auch mit. Das Witzige ist, dass die Freundinnen von den anderen Kollegen auch so sind. Wenn wir zusammensitzen, ist es so, dass eigentlich fast nur wir Männer miteinander reden. Die Mädchen untereinander reden eigentlich nicht.«

Sogar sehr selbstsichere Menschen fühlen sich unwohl, wenn sie sich in einer Gesellschaft befinden, in der alle eine bestimmte fachliche Qualifikation teilen oder sonst eine Gemeinsamkeit haben. Selbst wenn man die Kunst des Smalltalks beherrscht, hat man es dann schwer. Alle anderen sind Herzchirurgen und reden über den letzten Kongress, alle anderen sind Architekten oder Schauspieler oder Künstler oder Journalisten oder Snowboarder – oder Death-Metal-Freaks – und haben alle ein gemeinsames Vokabular. Und man selbst ist die mitgebrachte Ehefrau oder Freundin. Das erträgt man, wenn man daneben noch einen eigenen Bereich hat und wenn es sich um gelegentliche Abende handelt. Wenn der Kreis des Partners zum gemeinsamen Lebenskreis wird und man ständig in der Randposition ist, dann wird es aber unbequem.

Theoretisch ist dieses Schicksal geschlechtsunabhängig. De facto ereilt es weitaus mehr Frauen als Männer. Vielleicht verweigern mehr Männer die Anhängselrolle, während Frauen sie zumindest anfangs noch romantisch verklären und sich etwas davon versprechen: »Er führt mich in neue Welten ein.« Vielleicht bemühen sich die anderen Leute mehr um einen mitgebrachten Mann, während sie Frauen leichtherziger in die Rolle der unsichtbaren, unbedeutenden Zuhörerin verweisen.

Bemerkenswerter ist der zweite Rückfall in die Tradition, der sich bei diesem modernen Paar abzeichnet. Beide sind Mitte 20, beide sind sich einig, dass ihre Beziehung gut ist und von Dauer sein soll. Beide wollen Kinder. Hier nun die Gedanken von Harri zur Zukunft seiner Beziehung:

»Beziehungsmäßig hängt es von meinem künftigen Job ab. Eine Familiengründung können wir uns beide vorstellen, das würde aber nur in Frage kommen, wenn ich ein geregeltes Einkommen habe. Tina wäre schon diejenige, die beim Kind zu Hause bleibt. Das wird, glaube ich, in den nächsten paar Jahren eintreten. Von mir aus könnten wir auch jetzt schon Kinder haben, nur ist es finanziell überhaupt nicht drin.

Dass ich den Job behalte und sie in Erziehungsurlaub geht, will sie eigentlich auch. Wenn ich super verdienen würde, bezweifle ich sogar, dass sie danach wieder etwas arbeiten würde. Ich hätte kein Problem damit, ich hätte aber auch kein Problem damit, wenn sie wieder arbeiten gehen will. Also eigentlich wollen wir beide ein Kind, aber vom Vernunftgedanken her meinen wir beide, dass es nicht sinnvoll ist, solange ich noch studiere.«

Wie gesagt: Harri ist Student mit unqualifiziertem Teilzeitjob und einem nicht sehr prestigeträchtigen Hobby. Er stellt in den Augen der gutbürgerlichen Gesellschaft damit nicht viel dar. Er geht aber wie selbstverständlich davon aus, dass ihm ein guter Job und die Position des Familienverdieners offen stehen. Ausgerechnet ihm schwebt diese vollkommen gutbürgerliche Zukunftsvision vor – woran wir erkennen können, wie mächtig die »äußeren Kräfte« in Kombination mit den »Drehungen und Verformungen« sein können.

Seine Partnerin kann einmal arbeiten oder nicht, wie sie möchte. Wenn sie arbeitet, dann fällt es in die Kategorie Psychohygiene – sie soll es machen, damit sie ausgeglichener und zufriedener ist, nicht weil es wichtig ist oder einen wertvollen Beitrag leistet. Und natürlich soll sie es nur machen, wenn und falls es sich mit ihrer Hausfrauen- und Mutterrolle vereinbaren lässt.

Tina ist talentiert und auch ehrgeizig – sonst hätte ihr Vorgesetzter sie nicht gefördert und sonst hätte sie nicht die Mühe einer Fortbildung auf sich genommen. Im Hier und Heute ist Tina Harri gegenüber außerdem voraus. Tina verdient schon ihr eigenes Geld, hat Aufstiegschancen.

Noch haben Tina und Harri eine relativ ausgewogene Beziehung, aber die Schräglage ist bereits in Ansätzen vorhanden. Richtig schief wird es dann werden, wenn Harri der Familienernährer ist und Tina zu Hause bleibt.

Warum scheitern so viele Ehen und Beziehungen, obwohl die Menschen mehr denn je einen ruhigen Hafen und eine verlässliche private Basis suchen? Die Erklärung ist ganz einfach: weil ein Schiff kentert, wenn es nicht stabil ist.

In ihren intimsten Beziehungen, in der alles prägenden Infrastruktur ihres Lebens, suchen Frauen zwar die Gleichheit, aber zeitgleich verlangen sie einen überlegenen Mann. Genauso wenig, wie sich die Demokratie mit dem Ruf nach dem starken Mann verträgt, genauso wenig verträgt sich Stabilität mit Ungleichheit. Stabilität verlangt eine ausgewogene Partnerschaft zwischen gleichen Beteiligten. Frauen aber suchen hartnäckig nach einem »Partner«, der ihnen überlegen ist. Das geht nicht. Es geht begrifflich nicht, und physikalisch geht es schon gar nicht. Wenn Sie es nicht glauben wollen, können Sie nachschlagen bei Archimedes.

Wir sehen die Frauen als die Hauptverantwortlichen für das Kentern moderner Beziehungsschiffe – aus mehreren Gründen.

Zunächst einmal sind es die Frauen, die darüber bestimmen, wie ein attraktiver männlicher Partner auszusehen hat. Die Definitionsmacht liegt bei den Frauen. Wenn die Frauen jenen Mann für attraktiv erklären würden, der partnerschaftlich und verträglich ist, der mit Kindern gut umgehen kann, der im Haushalt mit anpackt und der seine Frau beruflich unterstützt und stolz ist auf ihre Leistungen, dann würden Männer scharenweise ab morgen diesem Idealbild nacheifern. Männer wollen Frauen gefallen – und das ist nichts Neues:

Im Mittelalter waren Männer eher grob, ungewaschen und manierenlos, und das empfanden die Frauen alles andere als angenehm. Was taten sie unter diesen Umständen? Sobald sie sich der Lage richtig bewusst wurden, gaben sie die Parole aus, dass es ja gut und schön war, als mächtiger Ritter durch die Gegend zu reiten und Leute einzuschüchtern. Aber so richtig attraktiv war das eigentlich auch nicht. Hingegen so einer wie dieser Walther von der Vogelweide – umwerfend sexy, der Typ! Ein bisschen schmalbrüstig vielleicht, aber süß! Zum Verlieben! Und schon wollten alle Männer dichten, sich parfümieren, sich das Taschentuch einer Dame als Glücksbringer schenken lassen, ihr den Hof machen, ihr den Wein einschenken usw.

Und wie sieht der ideale Mann aus, den Frauen heute für sich als Partner visualisieren? Er ist größer als sie selbst. Er ist ein paar Jahre älter. Er besitzt mehr – vielleicht eine Eigentumswohnung, ein Auto, ein paar Aktien. Beruflich steht er höher als die Frau, er verdient besser und hat bessere Aufstiegschancen. Auch psychisch darf er überlegen sein – kühler, souveräner. Und sozial das Gleiche: Er kann in der Öffentlichkeit gewandter sein, forscher im Umgang mit Ämtern und Ärgernissen, mit einem Freundeskreis, der wichtiger und interessanter ist als jener der Frau.

Eine Frau will hinaufheiraten – auch in der modernen Frau ist das immer noch verwurzelt. Und sie will zu ihrem Partner aufschauen. Damit krängt das Beziehungsschiff bereits bedrohlich.

Kriterium eins: Er muss größer sein

»Auch wenn ich mal Stöckelschuhe trage, sollte er noch größer sein.« Dieses Kriterium wurde uns mehr als einmal von sonst intelligenten Frauen genannt – und nicht von Frauen, deren einziges Lebensziel es war, ihr zukünftiges Kind eines Tages in der Basketballbundesliga spielen zu sehen. »Er sollte, wenn wir ins Theater gehen und ich Stöckelschuhe trage, größer sein als ich« – nehmen Sie sich einen kleinen Moment Zeit, lassen Sie diese Aussage auf sich einwirken und weisen sie diesem Kriterium dann einen Platz zu in der Rangordnung der Dinge, die im Lauf eines gemeinsamen Lebens das Glück und die Harmonie bestimmen.

Wir haben eine Freundin, nennen wir sie Sophia. Sophia ist Ärztin und Leiterin einer Notaufnahme, außerdem hat sie ein Kind aus erster Ehe, dazu noch ein Pflegekind, eine kranke Mutter und einen Platz im Vorstand einer medizinischen Entwicklungshilfeorganisation. Sie sehen schon: Sophia ist eine viel beschäftigte Frau.

Sophia hätte gerne einen neuen Partner, aber in ihrem Alltag hat sie es nur mit verheirateten Männern zu tun. Daher bittet sie ihre Freundinnen, ein Auge für sie offen zu halten. Die Freundinnen überlegen, sie konsultieren ihre Ehemänner, und bald können sie ihr den einen oder anderen möglichen Kandidaten vorschlagen. Sollen sie den vielleicht mal einladen, ganz unauffällig, zum Kennenlernen? Sie erwarten Fragen über seine Persönlichkeit, seinen Familienstand, seinen Beruf, gewiss auch über sein Aussehen, aber Sophia will nur eines wissen: Ist er groß? Mindestens 1,80? Es reicht ihr nicht, dass er deutlich größer ist als sie, dass er nett und toll und lustig und attraktiv ist – wenn er keine 1,80 ist, dann will sie ihn sich nicht einmal ansehen. Die Freundinnen raufen sich die Haare. Was ist los mit Sophia, die ja sonst nicht so oberflächlich ist? Wurde sie als Kind von einem Zwerg misshandelt und leidet sie unter einem Trauma? Nichts hilft. 1,80 oder gar nicht.

Kriterium zwei: Er muss älter sein

Dieses zweite Kriterium ist noch irrationaler. Die Lebenserwartung von Männern ist sowieso schon kürzer als die von Frauen, durchschnittlich um fünf bis sieben Jahre. Eine Frau, die bewusst einen älteren Mann heiratet, erhöht damit nur ihre Chancen auf ein einsames Alter als Witwe. Auch in anderen Aspekten reduziert sie mit dieser Methode die Wahrscheinlichkeit einer harmonischen Beziehung. Zum Beispiel in sexueller Hinsicht: Das männliche Interesse an der Sexualität gipfelt früher als jenes der Frauen – wenn schon Altersunterschied, dann macht es umgekehrt eher Sinn. Verhaltensweisen, Interessensschwerpunkte, Unternehmungslust – das alles steht mit dem Alter der Person in Zusammenhang. Auch die ungerechte Bewertung von Alter und Attraktivität, an der Frauen ab ca. 50 zu leiden haben, ist selbst verschuldet. Frauen sind gezwungen, ältere Männer als angemessen attraktiv einer jüngeren Frau gegenüber zu definieren, um solche Paarungen zu rechtfertigen.

Kriterium drei: Er muss besser gebildet sein

Also das ist natürlich klar. Weil in einer Ehe sucht man doch in erster Linie einen Menschen, der einem erklären kann, worum es beim Dreißigjährigen Krieg doch schnell noch mal ging.

Kriterium vier: Er muss beruflich höher stehen

Überlegen wir mal: In welche Situation begibt man sich, wenn man mit jemandem zusammen ist, der einem beruflich überlegen ist? Wer ist dann automatisch der wichtigere Mensch? Wenn es zum Beispiel zu einem beruflichen Konflikt kommt, wer darf dann weitermachen? Wenn beide müde sind, der eine von wichtigen Sitzungen mit wichtigen Leuten, die andere vom Herumschreien mit rangelnden Kleinkindern und zwei Waschmaschinenladungen und den dazugehörigen Bügelgängen, wessen Müdigkeit bedeutet dann, dass er sich vor dem Fernsehgerät niederlassen darf?

Kriterium fünf: Er soll materielle Güter mitbringen

Die Praxis der Mitgift ist alt und ehrwürdig, heutzutage aber nicht mehr unbedingt erforderlich. Eine uns bekannte junge Frau namens Viktoria verbrachte das erste Jahr ihrer Ehe damit, die Ölbilder der Ex-Freundin, den experimentellen Stahltisch und die sonstigen vorehelichen Anschaffungen ihres Mannes Stück für Stück zu entsorgen. Und eine gewisse Lisa und ihr erstgeborenes Kind litten jahrelang unter der superteuren Stereoanlage (Nicht anfassen! Weißt du, was die gekostet hat! Klebrige Kinderpfoten da weg!) ihres Partners.

Wir empfehlen eher einen Mann, der Ihnen mit freundlich-glasigem Blick durch das Einrichtungshaus folgt. Ein Auto? Eine Eigentumswohnung? Wir sind nicht mehr die Nachkriegsgeneration, die nach solchen Indikatoren der Sicherheit hungerte. Und Aktien? Eher riskant.

Eine moderne Frau sollte einen Mann haben wollen, der

- nett, freundlich, angenehm, gesprächig und unterhaltsam ist und der viele gemeinsame Interessen mit ihr teilt. Schließlich wird sie ihre Freizeit hauptsächlich mit ihm verbringen – das war früher anders, da verbrachte sie den Großteil ihrer Zeit mit anderen Frauen und Kindern. Wenn alles gut geht, werden sie eine sehr lange Zeitspanne gemeinsam verbringen, und wenn sie sich nichts zu sagen haben, wird das ganz schön langweilig werden – auch das war früher anders, da war die Lebenserwartung deutlich geringer als heute.

- Kinder mag, gerne mit ihnen zusammen ist und fürsorglich ist. Wenn sie sich selbst Kinder wünscht, verspricht das eine Haltbarkeit ihrer Familie, eine dauerhafte Ehe und bessere Berufschancen für sie, denn dann kann sie die Erziehungsarbeit mit ihm teilen.
- ihr in Hinblick auf seinen Status, seinen Verdienst, seine Bildung und seinen Berufsstand so ähnlich wie nur möglich ist. Sobald er hier einen Vorsprung hat, wird es sich automatisch so ergeben, dass im Konfliktfall sie diejenige ist, die zurücktreten muss.

Romeo und Julia, physikalisch korrigiert

Die Überlagerung zweier harmonischer Schwingungen mit gleicher Frequenz ist eine harmonische Schwingung derselben Frequenz, deren Amplitude* sich aus der vektoriellen Addition der Zeiger der beiden Schwingungen ergibt.
Bei gleicher Amplitude der sich überlagernden Schwingungen ergibt sich die völlige Auslöschung.

Das hatten wir ja schon: Die »völlige Auslöschung« ist sicherlich das Letzte, was wir in einer Partnerschaft anstreben. Das folgende Beispiel soll helfen, dass es möglichst nicht einmal zur ansatzweisen Auslöschung kommt.

Lena quält sich. So wie man sich nur mit 18 quälen kann: in der abstrakten Vorwegnahme von Schmerz, bevor noch ein echter Schmerz empfunden wird.

Lena ist der Prototyp einer jungen, modernen Frau. Ihre Eltern haben sie immer gefördert. Sie war immer in fortschrittlichen Schulen. Ihren Teilzeitjob hat sie in der aufgeschlossenen Pop-Redaktion eines Jugendradiosenders. Gleichberechtigung? Klar – die kommt doch aus der Steckdose.

Aber ganz so sicher ist sich Lena der Sache auch wieder nicht. Denn wie es sich für eine 18-Jährige gehört, denkt sie viel nach

* Amplitude = größter Ausschlag einer Schwingung aus der Mittellage

über die Liebe. Das muss ja toll sein, sich so richtig zu verlieben. Aber wenn sie sich in ihrem Umfeld kritisch umsieht, dann scheint die Liebe voll der Fallstricke und Tücken zu sein, besonders für eine Frau. Wo sie hinschaut, sieht sie Frauen, die ihre Ziele und ihre Identität aufgegeben haben im Namen der Liebe. Und dann bleibt ihnen nicht einmal diese Liebe! Getrennt, geschieden, ernüchtert blicken sie zurück auf fünf oder zehn oder fünfzehn falsch verbrachte Jahre. Ist Liebe für Frauen gleich Auslöschung? Dieses Schicksal will Lena vermeiden, klar. Aber auf die Liebe will sie trotzdem nicht verzichten. Geht das?

Ja, das geht. Lena muss nur gut aufpassen, wenn im Physikunterricht das Kapitel »Dynamik, Impuls und Kraft« durchgenommen wird. Dort kann sie nämlich lernen, wie sie einen elastischen Stoß (anregend) von einem unelastischen Stoß (auslöschend) unterscheidet.

Doch hier erst mal Lenas Gedanken zum Thema Frauen und Liebe.

»Ich bin als Frau sicher noch nicht benachteiligt worden. Aber manchmal denke ich mir, dass ich vielleicht eine zu positive Sicht mitbekommen habe, wenn ich mir sage, es ist schon alles erreicht worden für Frauen. Vielleicht ist das nur in meinem Umkreis so. Denn jetzt mit der Zeit sehe ich, dass das noch nicht unbedingt auf den Rest der Welt zutrifft.

Zum Beispiel habe ich neben der Schule auch einen Job, beim Radio. Und dort fällt mir auf, bei Redaktionssitzungen, dass die Frauen weniger zu Wort kommen beziehungsweise dass ihnen das Wort auch regelrecht abgeschnitten wird. Das lass ich mir sicher viel weniger gefallen als manche andere. Ich merk zwar, dass mich das einschüchtert, aber ich kann damit umgehen. Wenn ich zum Beispiel etwas sage, einen Vorschlag mache, und es wird mir das Wort abgeschnitten, dann überleg ich zuerst, ob es vielleicht an mir liegt. Weil ich nicht alles darauf minimieren will, dass ich eine Frau bin. Deshalb überlege ich zuerst, ob das vielleicht wirklich Blödsinn war, und meist denke ich mir dann, nein, eigentlich war das kein Blödsinn. Oder ich denke, ja, mein Gott, warum soll ich nicht auch einmal einen Blödsinn sagen dürfen! Die Männer in der Redaktion sind ja auch nicht ständig nur genial. Das hat doch schon die vorige Generation gezeigt, dass wir es können, das muss doch nicht ich jetzt noch mal von vorne beweisen. Wobei es mir schon zu denken gibt, dass ich überhaupt noch solche Situationen erlebe. Denn mein Arbeitsplatz ist äußerst locker, unser Sender FM4 ist ein progressives, modernes, junges Team. Wenn es dort so läuft, wie ist es dann erst woanders?

Ich könnte mir keine Beziehung vorstellen, wie sie einige Freunde von mir haben. Die machen immer alles gemeinsam. Ich kann es ja auch verstehen. Wenn man jemanden liebt, will man die Sicherheit haben, dass es dauerhaft ist. Man will eine Garantie. Deswegen heiratet man ja auch. Die Ehe ist dann so ein Vertrag, nach dem Motto ›Du bleibst bei mir, denn du bist mir das schuldig‹. Aber das ist genau das, was ich in einer Beziehung nicht wollen würde, dem anderen etwas schuldig sein.

Ich will eigentlich keinen Beschützer, ich will eher einen Berater. Ich möchte mich schon anlehnen können, aber nicht in dem Sinn, dass er alles für mich macht, sondern dass ich mich ausruhen kann, kurz oder vielleicht auch länger. Bis ich mir wieder die Kraft daraus hole. Ich möchte das Gefühl haben, es ist jemand da, dem nicht egal ist, was mit mir ist, dem ich wichtig bin und mit dem ich immer alles besprechen kann. Nicht damit er mir raushilft, ich helf mir schon selber raus, aber damit ich halt quasi beraten werde. Und er soll das auch können.

Ich glaub schon, dass Männer es für ihr Selbstbewusstsein ganz gern mögen, wenn die Frauen sich ihnen unterordnen und sie als Beschützer sehen. Das ist auch echt ein angenehmes Gefühl. Und es ist vermutlich auch so, dass eine starke Frau sexy wirkt, weil man sie erobern muss. Aber wie geht es dann nachher weiter, nachdem der Mann sie erobert hat? Soll sie dann schwach bleiben oder wieder stark werden? – Was weiß ich! Es ist ziemlich kompliziert.

Ich glaube, das Verhängnis der Frauen ist nicht so sehr, dass sie sich vorher noch erobern lassen wollen, sondern dass sie sich danach total aufgeben. Daher schaue ich wohl besser, dass meine Beziehung nicht so das Zentrum aller Dinge für mich ist.

Wie ich beobachte, sind es normalerweise eher die Männer, die sich zurückhalten. Sie haben oft Angst vor der Anhänglichkeit der Frauen – und das versteh ich auch. Ehrlich gesagt, wenn die Frauen da so viel Bedeutung hineinlegen, dann versteh ich die Angst der Männer. Weil mich persönlich nervt das auch. Beziehung hier, Beziehung da, die ganzen Gespräche unter Frauen kreisen ständig nur darum. Ich weiß nicht, ob das bei Männern auch so ist, ich kann es mir aber nicht vorstellen. Das würde mich echt interessieren, ob die auch dauernd über Beziehungszeugs quasseln, wenn sie untereinander sind.

Und Frauen lassen sich erpressen, wie ich beobachte. ›Wenn du das jetzt nicht tust, dann bin ich nicht mehr mit dir zusammen.‹ Den Frauen ist die Beziehung wichtiger als den Männern scheinbar, und die Männer sind dann bereit, das total auszunützen. Die sagen – mehr oder weniger direkt – he, du bist mir nicht so wichtig, oder die Beziehung zwischen uns ist mir nicht so wichtig wie dir, und deswegen musst du machen, was mir gefällt.

Ich möchte schon eine fixe Beziehung haben. Ich will eine Person haben, der ich wirklich wichtig bin und die mir auch wichtig ist. Aber halt nicht *zu* wichtig! Weil meine anderen Sachen will ich auch noch haben.«

Wie wir hier sehen können, hat Lena intuitiv begriffen, worum es geht. Drei Sachen will sie haben. Sie will eine aufregende, intensive Liebe erleben. Sie will eine stabile, verbindliche Liebesbeziehung haben. Und sie will ein eigenes Leben haben und ihre Selbstständigkeit. Das kann funktionieren. Sie muss nur das Schicksal vieler Frauen vermeiden: Sie darf sich nicht an das Leben einer anderen Person dranhängen, sondern sie muss jemanden finden, mit dem sie eine ausgewogene Partnerschaft haben kann.

Lenas Problem – und nicht nur ihres – ist, dass wir uns zwar als eine hoch technologische, wissenschaftlich orientierte Zivilisation betrachten, dass wir in unserem Verständnis des menschlichen Verhaltens aber weit, weit diesem Stand hinterherhinken. Wir können zwar Raketen zu anderen Planeten schießen und Schafe klonen, aber was unser soziales Verhalten betrifft, so gehen wir von schlechten, gänzlich unwissenschaftlichen, die Naturkräfte missachtenden Orientierungsquellen aus. In dieser Hinsicht befinden wir uns noch im Vormittelalter. Galilei hat noch nicht durchs Teleskop geschaut, Newton ist noch nicht geboren, Aberglaube und Angst regieren die Welt.

Woran orientieren sich junge Leute, wenn Sie über etwas so Wichtiges wie die Liebe, die Sexualität, das Zusammenleben mit ihrem künftigen Lebenspartner und das Zeugen von Nachkommen nachdenken? An irgendeinem beiläufigen Satz, den ein aktueller Musikstar in einem Interview gesprochen hat. Also wirklich – wenn unsere Zivilisation auch in anderen Bereichen auf dermaßen wackeligen Informationsquellen basieren würde, würden wir noch in Höhlen leben.

Die Liebe – von ihren Freundinnen und aus Zeitschriften hat Lena ihr Messkriterium dafür bezogen, woran man sie erkennt. Verliebt ist man, berichtet Lena in ihren Worten, wenn man sich »wow und superglücklich« fühlt.

Übrigens hat Lena, wie sie uns anvertraut, dieses Gefühl noch nie gehabt. Ihre Freundinnen auch nicht. Was all diese Mädchen für ihre bisherigen Freunde empfunden haben, war eher Zuneigung, Kribbeln und gemischte Schwankungen von manchmal glücklich, manchmal nicht glücklich. Diese Tatsache bringt sie aber keinesfalls auf den Gedanken, dass ihr Messkriterium vielleicht nicht stimmen könnte. Nein, sie suchen weiterhin nach dem »Wow«.

Aber Lena hat auch eine wissenschaftliche Ader, zudem lebt sie in einem empirischen Zeitalter, und daher macht sie auch noch ihre wissenschaftlichen Beobachtungen am Objekt: an den erwachsenen Frauen, denen sie im Alltag begegnet. Hier bekommt man wiederum ein ganz anderes Bild von der Liebe. Dem statistischen Durchschnitt entsprechend, sind mehr als die Hälfte dieser

Frauen vom Gegenstand ihrer unsterblichen, umwerfenden, superglücklichen Liebe mittlerweile wieder getrennt oder geschieden – und die meisten sprechen wenig freundlich über ihn. Wenn es hier jemals ein Wow gab, dann hat es längst die Flucht ergriffen.

Lena hat in Bezug auf die Liebe die falschen, von außen gesetzten Orientierungsbilder – physikalisch ausgedrückt: Sie geht aus vom falschen Modell.

Ein Modell an und für sich braucht sie, weil es sich bei der Liebe um etwas Abstraktes handelt, das nicht objektiv gemessen oder bewiesen werden kann. Es ist aber in solchen Fällen sehr wichtig, vom *richtigen* Modell auszugehen und sich der Grenzen von Modellen bewusst zu sein.

Die Untersuchung der Elektrizität und der mit ihr zusammenhängenden Erscheinungen wird dadurch erschwert, dass der Mensch kein Sinnesorgan besitzt, das ihn elektrische Vorgänge unmittelbar wahrnehmen lässt. Er ist darauf angewiesen, aus erfahrbaren Veränderungen der materiellen Körper auf die zugrunde liegenden Vorgänge zu schließen. Um sich von den sinnlich nicht erfassbaren Erscheinungen eine Vorstellung machen zu können, schafft sich der Mensch Modelle. Er entnimmt sie der anschaulich begreifbaren Umwelt. Darin liegt die Gefahr begründet, dass man ... Schlüsse zieht, die der Realität nicht entsprechen. Man darf also nicht die Analogie für eine Gleichheit nehmen, sondern muss sich der Grenzen der Modellvorstellung bewusst bleiben.

Präzise das Gleiche gilt auch für die Liebe. Wir haben kein »Sinnesorgan«, das uns unmittelbar wahrnehmen lässt, ob es sich bei unseren Gefühlen für eine andere Person und deren Gefühlen für uns um einen Zustand der echten Liebe handelt – und schon gar nicht können wir klar erkennen, ob es sich um positive, »elastische« Liebe handelt oder um »unelastische« Liebe, die uns dazu veranlassen wird, uns in peinlichster Weise wie eine Klette an die andere Person zu hängen, bis unsere Auslöschung als intelligente Persönlichkeit erreicht ist. Leider ertönt da kein Summton oder sonstiges Signal, sondern wir müssen uns an andere, »erfahrbare Veränderungen« halten.

- Wie fühlen wir uns, wenn wir mit dieser Person zusammen sind?
- Welche objektiven Veränderungen ergeben sich daraus für unser Leben?
- Sind das gute oder sind es schlechte Veränderungen?
- Werden wir durch diese Beziehung verformt oder behalten wir unsere ursprüngliche Energie?

Es dürfte mittlerweile klar sein, dass wir unser Modell zum Verständnis solch komplizierter Zustände nicht von der Zeitschrift *Bravo Mädchen* oder von irgendwelchen hysterischen Schauspielerliebschaften ableiten können. Die Physik orientiert sich an Phänomenen der Natur, und wir tun es auch.

Unser Modell finden wir wieder in der Physik, im Kapitel »Mechanische Schwingungen und Wellen«. Was sich uns da bietet, ist ein poetisches, ein romantisches Bild. Zwei kommen zusammen, ohne dass einer davon den anderen zerstören, beeinträchtigen oder gar dauerhaft beschädigen würde.

Wellen tun einander nichts.*

Was für ein wunderbarer Satz. Er sollte in jeden Ehering eingraviert werden, als Merksatz über jedem Ehebett hängen. Wenn

* Aus: *Dorn/Bader Physik – Sekundarstufe II. Allgemeine Ausgabe. Schülerband MS*, Hannover: Schroedel 1995 (im Folgenden zitiert mit *Dorn/Bader Physik*)

Liebespaare sich Zärtlichkeiten ins Ohr flüstern, sollte dies einer ihrer ersten Sätze sein: Wellen tun einander nichts.

Wir stellen uns einen stillen, klaren Bergsee vor. Wir gehen am Ufer entlang, vielleicht im Mondenschein, warum nicht. Gedankenverloren heben wir zwei Kieselsteine auf, den einen mit der linken, den anderen mit der rechten Hand. Wir lassen sie versonnen ins Wasser fallen. Die Bewegung der Steine, wenn sie die Wasseroberfläche durchbrechen, löst eine Wellenbewegung aus. An den zwei Stellen, wo die Steine ins Wasser fielen, sehen wir nun jeweils Wellenkreise. Die zwei Wellenkreise breiten sich aus, immer weiter, bis sie schließlich zusammenstoßen. Kurz vermischen sie sich, und am Punkt ihrer Berührung entsteht Unruhe. An der Wasseroberfläche bildet sich ein Sprudel. Dann aber trennen sich die Wellenkreise wieder, und jeder schickt seine Wellen in der ursprünglichen Richtung weiter, bis sie von selber allmählich schwächer werden und verebben.

Seite 131 im Physik-Schulbuch *Metzler-Physik* sollte das große romantische Vorbild junger Leute sein, und nicht die Balkonszene von Romeo und Julia – zwei Menschen, die sich gegenseitig mit ihrer Liebe und vor allem mit ihrem undurchdachten, leichtsinnigen, unintelligenten Plan für ein Happy End auf tragische Weise zerstörten:

Zwei Kreiswellensysteme können sich ausbreiten und dabei teilweise überlagern und durchdringen, ohne sich dabei aber gegenseitig zu stören. Nach dem Zusammentreffen laufen die Wellen ungestört weiter. Die ungestörte Überlagerung mehrerer Wellen von gleicher Frequenz am selben Ort bezeichnet man als Interferenz.

Eine Beziehung haben – aber ihr eigenes Leben, ihre Ziele und Ambitionen und Interessen trotzdem auch noch behalten können. Das ist es, was Lena sich wünscht – und hier haben wir das Modell dafür. Und das Kriterium dafür, ob es sich bei einer Beziehung wirklich um Liebe handelt. Wenn man intakt daraus hervorgeht und keinen Schaden nimmt, dann ist es Liebe. Wenn man seine Richtung verliert, dann ist es keine Liebe.

Am Ende finden wir hier sogar das Wow-Erlebnis und die erotische Verheißung, nach der Lena und ihre Freundinnen sich so sehr sehnen:

> **Im Augenblick der Begegnung addieren sich die Elongationen;* sie werden zum Zeitpunkt, in dem sich die beiden Wellenberge gerade decken, verdoppelt ... Dieser gespannte Zustand kann aber nicht anhalten; die in ihm steckende Energie wird nach beiden Richtungen ... abgegeben. Die zwei ursprünglichen Wellenberge lösen sich wieder voneinander und wandern in alter Frische nach rechts und links weiter. Sie haben sich bei ihrer Begegnung ungestört überlagert.****

Nur gut, dass konservative Elternvereine so selten in Physikbüchern herumstöbern, sonst stünden die vielleicht schon auf der Indexliste ...

Interferenz und Auslöschung – eine vertiefende Übung

Es ist sehr wichtig, Interferenz (gut) von Auslöschung (ganz, ganz schlecht) unterscheiden zu können. Mit etwas Übung ist es gar nicht so schwierig, Teil eines Kreiswellensystems zu sein. Kreis-

---

* Elongation = der Betrag, um den ein Körper zum Beispiel bei Schwingung aus einer stabilen Gleichgewichtslage entfernt wird

** Aus: *Dorn/Bader Physik*

wellensysteme dürfen von vornherein ihre Individualität behalten. Niemand verlangt von ihnen, dass sie ihre Frequenz ändern oder ihre Amplitude anpassen. Nein, sie gehen einfach ihres Weges – bis das Schicksal ihnen ihr Partnerwellensystem entgegenspült. Sie treffen sich. Sie vermischen sich. Sie erleben Aufregung, Unruhe, Turbulenz – und dann beruhigen sie sich wieder und gehen weiter, ungetrübt und unverbogen.

Betrachten wir Anja, 36 Jahre alt, drei Kinder. Was ist Anja: eine Kreiswelle oder eine harmonische Schwingung mit der Gefahr der völligen Auslöschung?

»Wir waren lange zusammen und haben nicht gewusst, ob wir das fixieren sollen. Ich habe damals gearbeitet, habe meine eigene Wohnung gehabt, mir war meine Unabhängigkeit wichtig. Dann wurde Heinrich von seiner Firma für ein Jahr nach New York geschickt und wir haben beschlossen, dass ich mitfahre und wir probeweise versuchen zusammenzuleben.«

Also, das klingt schon bedenklich. Viele Zweifel, schon zu Beginn. Dann ein absolut einseitiges Wagnis eingehen – leichtsinnig! Die eine Seite gibt Job und Wohnung und Unabhängigkeit auf, drei Dinge, die ihr wichtig sind, um sich dranzuhängen an eine Person, die nichts aufgibt, sondern ihren Weg geht, und derer sie sich nicht sicher ist. Das klingt schon sehr nach erzwungen gleicher Amplitude und wenig nach selbstbewusstem Wellenkreis.

»Kurz vor der Abreise stellte sich heraus, dass ich schwanger bin.«

Oh nein! Eine Überlagerung mit Folgen. Und noch mehr Druck nach harmonischer Schwingung.

»Mir war so schlecht, ich konnte mich kaum bewegen. Dazu kam der Druck von außen, dass wir doch heiraten müssen, wenn ich schon schwanger bin.«

Na, haben wir es doch gewusst. Verstärkter Druck nach harmonischer Schwingung.

»New York war ein Kulturschock, weil wir dort zum ersten Mal eng zusammengeklebt sind. Und es stellte sich heraus, dass wir sehr verschieden sind in unserem Stil. Ich bin eher chaotisch und Heinrich ist sehr ordentlich. Er hat sich aber anfangs zurückgehalten mit seiner Kritik, weil ich schwanger war und er mich nicht überfordern wollte.«

In der klassischen Physik ist das Künftige eindeutig aufgrund der kausal formulierten Naturgesetze durch das Gegenwärtige bestimmt und im Prinzip berechenbar.*

Anders formuliert: Wir ahnen prognostisch bereits an dieser Stelle, dass es zwischen Anja und Heinrich größere Probleme geben wird.

»Dann sind wir zurück nach Deutschland, und das zweite Kind kam relativ schnell. Ich kann das nicht empfehlen, es war sehr hart. Aber Heinrichs Eltern hatten fünf Kinder, und so was schwebte ihm wohl auch vor.

Er hat in der Zeit gearbeitet wie ein Berserker. Wir haben gemeinsam gefrühstückt, aber das war auch so ziemlich alles. Er hat um acht das Haus verlassen und ist meist nicht vor halb zehn oder zehn abends nach Hause gekommen. Ich war dann immer schon ziemlich fertig. Ich hatte auch den Eindruck, dass er sich zu viel aufhalst, unnötig, aus Perfektionismus. Aber ich kann ihm ja nicht sagen, wie er seinen Job machen soll. Ich kann nichts anderes tun, als das Spiel mitzuspielen.«

Wir wissen mittlerweile, dass Anja und Heinrich kein Kreiswellensystem leben. Folglich gelten für ihr Zusammenleben die Gesetze von Schwingungen. Und die sind für Anja denkbar ungünstig. Sie kann, angesichts ihrer Schwäche in diesem System, nicht viel erreichen.

»Als unser Zweiter ein halbes Jahr alt war, hatte Heinrich eine Beziehung mit einer anderen Frau. Ich habe lange nichts gemerkt.

* Aus: *Dorn/Bader Physik*

Als ich ihn dann damit konfrontierte, hat er gesagt, es wäre ihm einfach so passiert, und mit ihr war alles so anders, ohne dieses ganze Alltagsgetue eben und so entspannend, und einmal in der Woche wäre er dort, und es sei irrsinnig nett bei ihr, und da gäbe es kein Kindergeschrei und keine Fläschchen und keine Hipp-Gläser. Und es hätte auch wirklich nichts mit mir zu tun und so, blabla, diese Standardfloskeln, die man in jedem schlechten Film hört.

Und ich saß nur da, und mir war innerlich ganz kalt, und ich hab mich irgendwie grau gefühlt, so tot.«

Auslöschung – Sie finden diesen Begriff trotzdem noch irgendwie verführerisch? Romantisch? So in Richtung Einssein und Verschmelzung? Anja weiß, was Auslöschung bedeutet: Kälte und Tod.

»Aber ich hatte schließlich zwei Kinder, und wir haben uns dann entschieden, es doch wieder miteinander zu versuchen.

Dann bin ich krank geworden.

Ich bekam die Diagnose, bösartiger Krebs. Ich habe Chemotherapie gemacht. Es war sehr schrecklich. Warum der Krebs aufgetreten ist, weiß man nicht. Ein Defekt im Immunsystem, hieß es. Ich habe zunächst nur bemerkt, dass ich krank bin, weil ich so dünn wurde. Dadurch war ich auch permanent erschöpft.«

Es ist bezeichnend, dass Anja dünner, kleiner wird und dass sie sich kraftlos fühlt. Sie hat den Großteil ihrer Energie abgegeben. Sie ist beinahe gänzlich ausgelöscht. Sie fühlt sich tot – und bekommt eine lebensbedrohende Krankheit.

»Schlimmer war es durch die Kinder. Ich habe keine freie Sekunde für mich gehabt. Der Größere war drei und der Kleine fast zwei. Ich habe deswegen alles ambulant erledigt. Ich hatte einen Tag in der Woche Infusionstag, ansonsten war ich zu Hause. Am Infusionstag war der Ältere bei meiner Cousine und der Kleine war bei meiner Mutter. Eine Weile musste ich sogar täglich ins Krankenhaus. Mein Mann hat sich auch mal freigenommen, aber als er mich mit den Infusionen gesehen hat, ist er ganz grün geworden. Ich habe dann gemeint, dass er nicht mehr kommen muss, wenn ihn das so fertig macht. Wir haben versucht, unser Leben möglichst normal weiterzuführen.

Ich habe eigentlich immer daran geglaubt, dass es gut ausgehen wird. Und auf komische Art habe ich Macht gespürt. Im Hinterkopf hatte Heinrich nämlich den Gedanken, dass sein Verhältnis meine Krankheit ausgelöst hat.«

So ganz einseitig ist der Prozess auch wieder nicht, der zwei Menschen auf die gleiche Amplitude zwingt. Und auch Auslöschung ist nichts Einseitiges. Heinrich unternimmt seine Fluchtversuche, doch die Schuld holt ihn ein. Mit der drohenden Auslöschung kann er wesentlich besser umgehen als Anja, denn er diktiert schließlich die Frequenz und überlagert damit seine Partnerin. Trotzdem hängt er am Ende ebenfalls mit drin, in der harmonischen Schwingung.

»Mittlerweile haben wir ein drittes Kind.«

Krank machende Beziehung, Ehebruch – und hier hinein noch ein drittes Kind? Vielleicht weil die Beziehung sich mittlerweile radikal geändert und gebessert hat?

»Zeit hat er noch weniger als früher. Am Abend sieht er uns kaum. Was die Kinder anbelangt, macht er so ziemlich gar nichts. Ich sag manchmal am Wochenende: ›Bitte, kannst du uns einen Brei geben?‹ Und er sagt: ›Nein, jetzt passt es mir nicht, ich mach es in einer Viertelstunde.‹ Also er möchte, dass der Kleine Hunger hat, wenn er gerade Zeit und Lust hat. Aber so läuft das nicht mit Babys.«

Klingt nicht sehr radikal anders ...

»Oder neulich, da wollte ich eine Freundin treffen. Das kann ich immer erst, wenn die Kinder im Bett sind. Ich sagte zu Heinrich, du, ich will heute mit der Tina weggehen. Und er sagte: ›Das geht nicht, ich will nämlich heute ins Kino.‹ Gnadenhalber hat er dann angeboten, in die Spätvorstellung zu gehen. Ich durfte also von halb neun bis halb zehn weg sein – gerade lang genug, um zweimal um die Ecke zu gehen.«

Eigentlich klar. Ausgelöschte Frequenzen müssen nicht mit Freundinnen weggehen.

»Ich weiß nicht, warum ich das akzeptiere.«

Gute Frage!

»Ich halte seine schlechte Laune nicht aus. Er arbeitet mit seiner Stimmung. Er kann entsetzlich schlechte Stimmung haben, das ist ganz furchtbar. Ich bin irrsinnig harmoniebedürftig.«

Diese Wortwahl ist bezeichnend. Hier ist Anja einer Einsicht nahe, intuitiv hat sie den richtigen Begriff gewählt. Schließlich sind wir alle Teil der natürlichen Prozesse und Abläufe und können daher so manche physikalische Regel erahnen. »Irrsinnig harmoniebedürftig« – Anja merkt, dass es sich hierbei um einen gefährlichen Exzess handelt. Sie hat sich in einer harmonischen Schwingung einfangen und fast schon ausradieren lassen.

»Eine andere Streitfrage ist mein Auto. Heinrich sagt, es ist vollkommen sinnlos, zwei Autos zu haben, und ich soll meines hergeben. Aber um drei Kinder zu transportieren, brauche ich mein Auto. Es ist auch etwas Symbolisches. Mein Auto und meine Handtasche, das sind die letzten Sachen, die mir geblieben sind.«

Ein Auto ist ein Bewegungsinstrument. Auffällig, dass es in diesem Konflikt um die Frage geht, ob Anja ein selbstständiges Bewegungsinstrument behalten darf. Zumindest unterbewusst begreift Anja, dass es für ihre Persönlichkeit hier um das letzte Gefecht geht, denn sie beschließt endlich, sich zu behaupten:

»Seit kurzem arbeite ich wieder, in der Firma meiner Cousine, sie hat eine Bildagentur. Heinrich sagt, es wäre ihm am liebsten, wenn ich zu Hause bliebe. Das will ich aber nicht. Ich werde dienstlich verreisen müssen, er sagt, das macht ihn nervös. Aber ich freue mich darauf. Es ist auch eine finanzielle Frage. Ich muss endlich etwas Eigenes haben, und dazu gehört eigenes Geld.«

Na endlich, Kopernikus sei Dank, die harmonische Schwingung schwingt sich zu einer disharmonischen Handlung auf.

Betrachten wir hier speziell die Rolle von Heinrich. Scheinbar ist er der alles vereinnahmende Aggressor, der Böse, der Tyrann. In Wirklichkeit aber ist er es, der durch seine extremen Provokationen letztendlich aus seiner Partnerin das Lebenszeichen hervorkitzelt, der ihr den Anstoß gibt, sich auf die eigenen Füße zu stellen. Ehebruch? Sie verzeiht ihm. Extreme Ungefälligkeit? Dann bittet sie ihn eben um nichts mehr, sondern macht alles alleine. Gefangenschaft mit drei kleinen Kindern und gerade mal gnädig eine Stunde Freigang? Sie murrt, ist aber nach einer Stunde pünktlich zurück.

Wenn Heinrich »nur« ein objektives Ziel vor Augen hätte – aus seiner Partnerin eine willige Hausfrau und Mutter und abhängige Arbeitskraft zu machen –, dann täte er besser daran, sie in dieser Rolle zufrieden zu stellen. Das tut er aber nicht, sondern er provoziert weiter und immer weiter, verletzt ihre persönlichen Grenzen immer deutlicher, macht ihr ihre Situation immer unerträglicher – bis sie schließlich, endlich, reagieren muss.

Man beachte am Beispiel Heinrich noch, wie sachlich unrichtig eine Täter-Opfer-Analyse oft ist. Gegen Anja wurde keinerlei Kraft angewendet. Hätte sie sich schon früher widersetzt, wäre ihr nichts geschehen. Was Heinrich gegen sie aufgeboten hat, war maximal Scheinkraft:

Scheinkräfte erkennt man daran, dass es zu ihnen keine Gegenkräfte gibt.

Anja weiß das auch; sie weiß, dass sie nicht auf irgendwelche objektiven Zwänge reagiert, sondern sich bloß von ihrem eigenen Harmoniebedürfnis leiten lässt.

Harmonie – dieser Begriff verdient abschließend unsere besondere Aufmerksamkeit. Harmonie ist in der Umgangssprache ein positiv besetzter Begriff. Mit solchen Begriffen müssen wir fortan sehr vorsichtig sein. Die Wissenschaft ist unbestechlich. Aber die Dichtung, die Umgangssprache, die öffentliche Meinung, sie alle gehen nicht vom Erkenntnisinteresse aus, sondern sie verfolgen eine Vorgabe. Sie wollen einen bestimmten Zustand herbeiführen. Unter Harmonie stellen wir uns gemeinhin vor: Einklang, gute Stimmung, Frieden, angenehme und melodische Zustände. Streiten, sich widersetzen, vehement die eigene Meinung vertreten – das verträgt sich nicht mit Harmonie, landläufig gesehen.

Anja hat ihr Leben mit Heinrich unter das Motto der Harmonie gestellt. Sie hat alle möglichen Abstriche und Kompromisse gemacht, alles Mögliche hinuntergeschluckt. Im Namen der Harmonie. Aber wo ist sie geblieben, die Harmonie?

Ihr Mann war fast nie zu Hause. Sie führten kaum noch eine Ehe, geschweige denn ein Familienleben. Heinrich hatte eine Geliebte, arbeitete fast jedes Wochenende, ging am liebsten alleine ins Kino, fand ihre Chemotherapiebehandlung zu deprimierend – sieht so Harmonie aus?

Wirklich höchste Zeit, uns von so unwissenschaftlichen Begriffen wie Harmonie und Liebe zu verabschieden! Weichet der Kreiswelle und der Interferenz!

Energiepolitik

Wenn Ihr Mann seine Socken schon wieder zusammengeknüllt neben dem Bett fallen gelassen hat und er das Handtuch nach dem Duschen nass auf die Kacheln wirft, denken Sie vielleicht, dass Sie über Hausarbeit mit ihm streiten und über Unordnung. Letztlich streiten Sie aber über Energie.

Im Grunde haben Sie nämlich denselben Streit, den Kalifornien mit Arizona hat oder Österreich mit der Slowakei. Die stärkere Seite – Kalifornien, Österreich und Ihr Mann – will die schwächere Seite – Arizona, die Slowakei und Sie – dazu bringen, Energiereserven abzutreten. Es ist einfacher, die Energieerzeugung anderen zu überlassen. Dann müssen die anderen investieren, Umweltschäden in Kauf nehmen, ihre Kraft und ihre Ressourcen verbrauchen und ihre Gesundheit aufs Spiel setzen, um Energie zu erzeugen. Die stärkere Seite kauft oder raubt diese Energie und sahnt ab. Und kann sich sogar noch nobel geben, wie Österreich, wenn es die gefährlichen Kernkraftwerke in der Slowakei kritisiert und gleichzeitig Strom aus der Slowakei bezieht, um eigene Wasserkraftwerke zu schonen. Und wie Kalifornien, das sich als großer Umweltfreund und Alternativstaat profiliert, nur um sich vom weniger wohlhabenden angrenzenden Staat Arizona beliefern zu lassen.

Socken aufheben, Handtuch aufhängen – das kostet Energie. Wenn Sie diese Energie verausgaben, dann kann Ihr Mann seine sparen. Und das sind nur die kleinen Handgriffe. Beobachten Sie eine Woche oder auch nur einen Tag lang, wie viel Energie Sie abgeben für andere Personen, die irgendwelche Leistungen genauso gut mit ihrer eigenen Energie leisten könnten.

Zwischenmenschliche Beziehungen *aller Art* reduzieren sich bei genauerem Studium auf den Austausch von Energie. Das Berufsleben: Jemand kauft Ihre Energie für eine bestimmte Kraft- oder Arbeitsleistung. Die Arbeitsgruppe im Seminar: Mehrere Personen werfen ihre Energie zusammen, um besser lernen zu können. In jeder Situation werden Sie zudem einen heimlichen Kampf beobachten können: Überall versuchen Leute auf Kosten der Mehrarbeit anderer Leute ihre eigene Energie zu sparen: der Student, der sich immer die Mitschriften der Kommilitonen ausleiht, statt selber aufzupassen; die Kollegin, die kaum etwas für ein Projekt getan hat, sich aber am Erfolg beteiligt. Diese Personen sind uns allen wohl bekannt.

Wenn Sie erst einmal erkennen, dass Ihre Energie in unzulässiger Weise abgeführt wird, dann werden Sie versuchen, dem ein Ende zu bereiten. Sie können

- drohen, dass Sie Ihre Energie gänzlich zurückziehen,
- versuchen, einen fairen Preis zu erzielen,
- schummeln.

Diese Strategien sind anwendbar in allen Lebensbereichen. Im Beruf zum Beispiel können Sie

- kündigen,
- eine Gehaltserhöhung verlangen, die ihren erhöhten Energieeinsatz belohnt,
- weniger tun, sich krankschreiben lassen, im Büro Computerspiele spielen etc.

Und in der Beziehung können Sie

- streiten, Szenen machen, in eine Beratung gehen, um die Konditionen für sich zu verbessern,

- sich von Ihrem Partner trennen oder damit drohen,
- nicht mehr kochen, nur noch Tiefkühlkost auftauen, in der gewonnenen Freizeit mit seiner Kreditkarte einkaufen gehen usw.

Auch kollektiv kennzeichnen die drei genannten Strategien das Verhalten von Frauen im Zusammenleben mit Männern.

Energiepolitik hat immer denselben Zweck: Man möchte die Energie des oder der anderen zu möglichst günstigen Konditionen erhalten, und man möchte die eigene Energie möglichst einträglich verkaufen oder einsparen für später.

Wir alle wollen lieber mehr Gehalt bekommen als weniger – aber manche von uns sind geschickter als andere, wenn es um Gehaltsverhandlungen geht, und manche von uns sind in einer besseren Position als andere, wenn es um den grundsätzlichen Wert ihrer Arbeit geht. Ein Herzchirurg ist hier in einer besseren Situation als ein Verkäufer. Aber ein selbstbewusster Herzchirurg mit vielen Freunden in der Krankenhausleitung hat eine bessere Position als ein zurückhaltender Herzchirurg afrikanischer Herkunft, der niemanden persönlich kennt.

Neben diesen subjektiven und praktischen Umständen spielt auch die Philosophie eine Rolle, die der jeweiligen Energiepolitik zugrunde liegt: Was ist das langfristige Ziel? Was sind die Werte?

Hier unterscheiden sich Frauen sehr deutlich nach ihrer Weltanschauung. Selbstbewusste, moderne Frauen wollen einen fairen und gleichwertigen Energietausch. Was in der Sexualität schon erfolgreich durchgesetzt wurde, wollen sie auch in anderen Bereichen des Zusammenlebens. Fifty-fifty, das ist ihre Zielvorstellung. Gleiche Chancen im Beruf, gleiche Beteiligung in Haushalt und Elternschaft, gleich viel Aufwand, gleich viel Anerkennung und gleich viel Lohn.

Konventionellere Frauen fürchten sich vor diesem Ziel. Es erscheint ihnen anstrengend und riskant. Sie wollen lieber einen anderen Tausch – den traditionellen, aber unter verbesserten Vorzeichen. Sie wollen die klassischen weiblichen Energieformen, zu denen die Gestaltung eines kuscheligen Heimes und ein ausgeprägt feminines Auftreten gehören, tauschen gegen männliche Arbeitskraft im Beruf und gegen Mitbeteiligung am männlichen Gehalt. Jetzt, wo die Gesellschaft aufgeschlossener und die Gesetze fortschrittlicher sind, glauben diese Frauen, kann diese alte Arbeitsteilung auch für sie funktionieren, weil die Abhängigkeit der Frau vom Mann nicht mehr wie früher systematisch ausgenützt werden kann. Gewalt in der Ehe ist strafbar, kein Mann erwartet sich in der Regel mehr als zwei oder maximal drei Kinder, das Waschbrett gibt es nur noch als ästhetische Vorlage für den Männerbauch – der Zeitpunkt ist daher ideal, denken diese Frauen, um die konventionelle, klassische Energieteilung zwischen den Geschlechtern wieder aufleben zu lassen.

Eine dritte Gruppe zieht es vor, zu schummeln. Sie sind dort emanzipiert, wo es ihnen vorteilhaft erscheint, und dort konventionell, wo das bequemer ist. Wo die traditionelle Frau viel Energie aufgewendet hätte, sind sie modern, und wo die moderne Frau zum Einsatz käme, sind sie plötzlich wieder traditionell. Diese Gruppe ist vor kurzem in den USA durch einen Bestseller in Erscheinung getreten, den wir uns gleich näher ansehen werden, um die wichtige Strategie des *Schummelns* besser kennen zu lernen.

Die Gruppe tarnt sich als Gruppe Zwei, als konventionell. Frauen sind eben doch Frauen und Männer sind Männer, und jede Frau will einen großen, starken Mann, an den sie sich anlehnen kann. Sie baut aber gleichzeitig auf die Errungenschaften von Gruppe Eins und identifiziert sich sogar mit ihnen – die Autorin Laura Doyle deklariert sich als moderne Frau. In der Öffentlichkeit und im Berufsleben, meint sie, sollen Frauen ruhig aggressiv, selbstbewusst, erfolgreich und gleichberechtigt sein. Zu Hause sollen sie dann aber in die Weibchen-Rolle zurückfallen, weil das der Leidenschaft und dem häuslichen Frieden zuträglich ist. Diese Vermischung zeigt schon, dass hier geschummelt wird.

Auf Englisch heißt das Buch *The Surrendered Wife*. Quer durch die USA entstehen bereits Netzwerke von Frauen, die sich dieser »Bewegung« anschließen und die sich in »Surrendered Circles«

treffen, um Erfahrungen auszutauschen und um miteinander über ihre Gedanken und Gefühle zu sprechen – denn mit seinem Partner soll man diese Themen nicht mehr erörtern, das verwirrt ihn nur und gibt ihm zu viel Einblick.

Dieser Originaltitel ist interessant. »Surrender« ist ein militärischer Begriff. Er bedeutet, sich einem Feind zu ergeben. Es ist grammatikalisch nicht korrekt, diese Bezeichnung als Adjektiv für eine Person zu verwenden – ein erster Hinweis darauf, dass es hier ums Schummeln geht.

Der deutsche Titel des Buches lautet *Einfach schlau sein – einfach Frau sein*. Es war notwendig, den Titel abzuwandeln, weil der englische sich nicht übersetzen lässt. Maximal könnte man »Die ergebene Ehefrau« daraus machen. So etwas würde dann aber vermutlich niemand kaufen. Der deutsche Titel ist ehrlicher, denn er verrät mehr als der englische, worum es im Buch wirklich geht, nämlich um Manipulation. Er ist aber taktisch ungeschickter, eben deshalb.

Laura Doyle stellt in diesem Buch in leicht aktualisierter Form eine Methode vor – eine relativ alte Methode, die von Frauen in gewissen Abständen immer wieder probiert wird –, um weibliche Energie zu sparen und männliche Energie abzuzapfen. Ihr Buch ist damit ein energiepolitischer Ansatz – wenn auch ein weitgehend verfehlter.

Mit der Grundprämisse des Buches werden viele Frauen sich sofort identifizieren: Frauen, glaubt Doyle, sind insgesamt geschickter und klüger als Männer. Sie können vieles einfach besser. Sie haben ein besseres Auge für Details und damit auch den größeren Überblick.

In der Familie führt das dazu, dass sie bald für alles zuständig sind und alles machen. Der Mann, durch Nörgeln zur Mithilfe bewegt, macht ein paar halbherzige Ansätze, macht es falsch oder schlecht oder zu spät, wird ermahnt, zieht sich trotzig zurück, und schon ist diese Aufgabe wieder an der Frau hängen geblieben.

Irgendwann ist sie wütend und erschöpft.

Fair wäre es, wenn er seinen Anteil zeitgerecht, freiwillig und gut machen würde. So läuft es aber nicht, stellt Doyle fest, weil Männer bockig, trotzig und egoistisch sind.

Nun könnten Frauen frustriert das Handtuch werfen und sich endgültig von diesen lästigen Männern verabschieden. Das wollen die meisten Frauen aber auch wieder nicht. Frauen wollen trotz allem mit Männern zusammenleben, weil sie Männer irgendwie kuschelig und ihre Nähe tröstlich finden, weil sie mit ihnen schlafen wollen und weil Männer recht gut sind im Geldverdienen. Das Ziel ist es daher, die Männer dazu zu bewegen, weiterhin ihre Rolle als hauptsächlicher Familienernährer beizubehalten, daneben aber den Beruf der Frau voll zu respektieren, jedoch keinen Anspruch auf ihr Gehalt zu stellen, und außerdem noch im Haushalt und in der Erziehung den Löwenanteil zu übernehmen.

Das ist ein grandioses, ein attraktives, zugleich natürlich ein unfaires Ziel. Daher kann es auch nur mit unfairen Mitteln erreicht werden. Unfaire Mittel zielen auf die Schwachstelle, auf den wunden Punkt des Gegenübers. Was ist der wunde Punkt der Männer? Ihr Ego. Männer sehen sich gerne als stark, überlegen und dominant. Wer ihnen dieses Gefühl geben kann, ist daher auch in der Lage, sie zu manipulieren und ihre Energie für sich arbeiten zu lassen.

Nun ist auch klar, warum das Buch so heißt, wie es heißt. Wenn der Titel lauten würde: »Wie man dumme, inkompetente Männer dazu bringt, endlich ihren lahmen Hintern zu bewegen«, würde das darin enthaltene Programm vermutlich auf nur geringe männliche Kooperation stoßen. So aber ist die Botschaft viel verführerischer: Frauen wollen sich ergeben und einem starken Partner unterwerfen – hm. Also, Mausi, darüber können wir reden.

Aber zurück zur Doyle'schen Energiepolitik. Doyles These lautet: Es ist besser, wenn der Mann mehr arbeitet, auch wenn er es schlecht macht, als wenn die Frau alles großartig macht, sich dabei zu Tode schuftet und außerdem noch einen übel gelaunten, sich im Sex-Streik befindenden Typ zu Hause hat. Daher: keine Qualitätsansprüche mehr, keine guten Ratschläge, keine vorauseilende Hilfe, sondern Augen zu und ihn machen lassen, wie auch immer.

Er steuert die falsche Ausfahrt auf der Autobahn an, Sie wissen es und kennen den richtigen Weg? Sein Irrtum wird Sie viele Kilometer und eine Riesenverspätung kosten? Egal – Sie schweigen, betrachten die Landschaft und planen das nächste nette Zusammensein mit Ihren Freundinnen. Er nimmt für das Omelett die falsche Pfanne, diejenige, in der immer alles anbrennt? Sie verlassen den Raum und setzen sich mit einer Zeitschrift aufs Sofa. Alle seine Socken haben Löcher? Irgendwann wird er es bemerken und selber den Weg zum Kaufhaus antreten – und wieso wissen Sie das überhaupt? Kümmern Sie sich lieber darum, dass der Laden um die Ecke nächste Woche Schlussverkauf hat. Er soll durch seine eigenen Fehler lernen und es sich abgewöhnen, in Ihnen die kompetente Allesmacherin zu sehen.

Auch die mentale Energie will Laura Doyle umleiten. Statt an ihn und seine Bedürfnisse zu denken, soll die Frau nur noch über ihr eigenes Wohlergehen grübeln. Er hat die Samstagmorgen-Betreuung der Kinder übernommen, weil Sie dann zum Sport gehen wollen? Und das sieht so aus, dass er die Kinder vor den Fernseher setzt und ihnen als Frühstück eine Schachtel Schokoladenkekse hinstellt, »weil sie die wollten«? O.k., Sie gehen kommentarlos in die Sporthalle – die Kleinen werden es schon überleben.

Was ist von dieser Energiepolitik zu halten?

Zwei Dinge sind dazu zu sagen. Zunächst handelt es sich hier um eine Methode, die wie gesagt schon oft probiert worden ist – offenbar ohne Erfolg, sonst würden wir alle wimpernklimpernd in Palästen wohnen und uns von den Männern, denen wir uns »ergeben« haben, bedienen lassen.

Nur zwei frühere Beispiele dieser Methode wollen wir hier kurz nennen. Shakespeares *Der Widerspenstigen Zähmung* ist nichts anderes als diese Methode, adaptiert als Schauspiel. Die Schlussszene bringt das Tauschgeschäft, zu dem Kate sich entschließt, deutlich zum Ausdruck. Dafür dass sie ihrem Mann das Gefühl der Dominanz lässt, dass sie sich in die Hierarchie fügt, bietet er ihr ein Leben in Luxus ohne Arbeit und Anstrengung – weibliche Karrieren waren damals ja noch keine Option.

Vor vielen Jahren machte die mittlerweile längst wieder vergessene, kurzfristig aber berühmte Marabel Morgan Furore mit ihrem Buch *Die totale Frau.* In diesem Buch ging es darum, dass Frauen ihre Männer mittels sexueller Verlockungen bei der Stange halten sollten. Zum Beispiel sollte man einen Ehemann, dem gegenüber man irgendetwas durchsetzen wollte, abends nur in Zellophan verpackt an der Eingangstür begrüßen. Gerüchten zufolge raffte dieser Schock so viele Männer dahin, dass manche Frauen mit den Lebensversicherungsprämien im sonnigen Süden glücklich wurden.

In jeder Epoche taucht diese Idee neu auf, aber sie erzielt keinen Wendepunkt und verschwindet bald wieder von der Bildfläche – wir glauben, weil Schummeln letzten Endes keine solide Basis ist für ein Energieprogramm.

Wir können allerdings verstehen, dass die Idee immer wieder an die Oberfläche kommt und immer wieder neu attraktiv erscheint – physikalisch ist das leicht erklärbar. Es hat mit einem Phänomen zu tun, das Sie vielleicht als seelischen und körperlichen Erschöpfungszustand kennen, das sich aber zurückführen lässt auf den Prozess von Energieverlust durch Reibung.

Am deutlichsten tritt dieses Phänomen dort zutage, wo Sie eine andere Person – zum Beispiel ein Schulkind – dazu bringen müssen, irgendeine Arbeit zu leisten, zum Beispiel seine Hausaufgaben zu schreiben. Sie müssen an diese Aufgabe denken, dann müssen Sie die andere Person dazu auffordern – das kostet Energie, aber noch nicht sehr viel Energie. Die andere Person hört Sie absichtlich nicht, läuft davon, sträubt sich, will nicht, hat den Zettel verloren, die Unterlagen vergessen und den Bleistift zerbrochen – nun kostet es schon erheblich mehr Energie, all diese Hindernisse zu überwinden. Sie arbeiten gegen Widerstand. Dieser Widerstand verursacht Reibung. Die Reibung verschlingt oft viel mehr Energie, als die Arbeit selber rechtfertigt.

Umgekehrt kennen Sie vielleicht aus Ihrem Beruf oder Ihrem Privatleben Situationen, in denen Sie harmonisch und kooperativ mit einer zweiten Person zusammengearbeitet haben. Die Arbeitsteilung hat sich quasi von selber ergeben, jeder hat das gemacht, was er/sie am besten konnte, man hat sich gegenseitig geholfen und dabei einen enormen Elan gespürt. Sie und Ihre beste Freundin haben mit viel Spaß das Wohnzimmer tapeziert, Sie und Ihre Mutter haben in trauter Zweisamkeit Marmelade eingekocht, Sie als Texterin und ein Fotograf haben gemeinsam eine Dokumentation erstellt und sich dabei toll ergänzt – das ist ein wunderbares Gefühl. Ihre Energien haben sich gegenseitig verstärkt.

Die Verteilung der Arbeit in Haushalt und Erziehung zwischen Männern und Frauen läuft selten so harmonisch ab. Im modernen Haushalt fehlen die klaren Zuständigkeiten, und an ihre Stelle ist Streit getreten. Die faire Lösung dieses Konflikts ist leicht ersichtlich und oft auch allen bekannt, aber längst nicht alle wollen sich damit abfinden. Männer und Kinder leisten Widerstand und verursachen Reibung, und die Frau findet sich – ohne dass sie das möchte – in der Rolle der Hauptzuständigen wieder. Sie muss die Arbeit verteilen – und wenn ihr das nicht gelingt, dann muss sie die Arbeit selber machen. Sie muss die Energie der anderen integrieren – und wenn die das verweigern, muss sie ihre eigene verausgaben.

Solange alle ihren Beitrag leisten, geht keine Energie verloren:

In einem abgeschlossenen System ist die Summe der Energie konstant, solange die Vorgänge im System reibungsfrei ablaufen. Energie geht weder verloren noch entsteht sie neu, sie tritt nur mit unterschiedlichen Anteilen auf.

Doch Reibung wird sehr schnell verursacht: das Kind, das seine Bauklötze nicht aufheben will, der Mann, der die Dosen zum Container tragen wird, aber nicht jetzt, sondern später. Man muss dem Kind erklären, warum die Bauklötze aufgehoben werden sollen, und warum auch noch jetzt, dann muss man es gemeinsam machen und die meisten selber einsammeln; und den Mann muss man in einer halben Stunde noch mal bitten, weil sich die Säcke mit den Aludosen mittlerweile schon im Gang stapeln. Das alles ist Reibung. Energie geht verloren, und das ist ein extrem frustrierendes Gefühl. Für diesen Energieaufwand hat man nichts vorzuweisen, die Energie ist einfach weg, vergeudet. Die »Reibung« kann man sogar körperlich spüren, man fühlt sich »aufgerieben«.

Ab einem bestimmten Punkt ist die Verführung sehr groß, diese Reibung zu vermeiden. Man hebt die Klötze kommentarlos selber auf. Man trägt die Dosen ohne zu murren selber hinunter. »Ach, ich mach es lieber selber, das ist letztlich einfacher.« Dieser Satz ist so etwas wie die Nationalhymne der gestressten, mehrfach belasteten modernen Frau.

Shakespeare, Morgan und Doyle bieten hier einen Ausweg: Du reibst dich nicht mehr auf. Du machst aber auch die Arbeit nicht. Sondern du gibst dein Ziel auf, eine faire und gleiche Partnerschaft zu haben. Du wirfst diese Prinzipien über Bord und schummelst.

Warum kommt diese Idee gerade jetzt wieder auf, zu diesem historischen Zeitpunkt? Weil eine Patt-Situation entstanden ist: Wie es sein *sollte*, wissen alle, aber konkrete, reale Schritte werden trotzdem nicht eingeleitet.

Entsprechend katastrophal und verbittert ist das Männerbild, das auch aus Doyles Beschreibungen hervorgeht. So ist tatsächlich Resignation die Hauptmotivation für Frauen, das Schummeln als Strategie zu wählen. Sie glaubt einfach nicht mehr daran, dass aus ihm noch ein Partner werden kann. Jetzt geht es nur noch darum, wer wen am effektivsten ausnützt. Die Frau stellt sich scheintot, um ihn aus seinem Versteck zu locken. Und dann ist er dran.

Insofern würde es den Männern ja irgendwie fast recht geschehen, mit der kaltblütigen Manipulationstaktik der »schlauen Frau« konfrontiert zu sein. Denn in der Tat haben es sich sehr viele Männer zur Gewohnheit gemacht, umgekehrt genauso schamlos zu manipulieren und zu schummeln.

Einfach schlau sein – einfach Mann sein

Das Verhalten vieler Männer in der Familie und im Haushalt ist nur verständlich als geschickte Strategie, die eigene Energie zu sparen und die Gegenseite zu einem überproportionalen Energieaufwand zu zwingen, um sich danach mit fremden Federn zu schmücken: mit dem schönen Heim, das sie nicht gestaltet und nicht gepflegt, mit der üppigen Bewirtung, die sie nicht gekocht und nicht aufgetischt, und mit den tollen Kindern, die sie nicht erzogen haben. Und das, liebe Männer, ist geschummelt.

Die Methoden der Männer, um sich der fairen Mitarbeit zu entziehen, wurden uns in den Interviews ausführlich beschrieben. Energiepolitisch schummeln kann man, indem man ganz einfache Dinge ostentativ »nicht kann« oder »nicht so gut kann wie du, Schatz«; indem man sie stets auf einen späteren Zeitpunkt verschiebt, obwohl man genau weiß, dass sie nicht verschoben werden können und die Frau dann sicher ungeduldig wird und es selber macht; indem man ständig Hilfe und Anleitungen braucht, bis es der Gegenseite zu dumm wird und sie es lieber alleine tut; indem einem ständig »Fehler« und Tollpatschigkeiten unterlaufen. Jede dieser Methoden könnten wir vielfach illustrieren aus den Erzählungen unserer InterviewpartnerInnen.

»Du kannst es besser, Schatz«

Es fängt schon damit an, dass fast 70 Prozent aller jungen Väter in einer gemeinsamen Studie, die wir im Auftrag der Firma Pampers mit dem Gallup Institut Anfang 2001 durchführten, sich nicht genierten anzugeben, ihre Frauen könnten das Baby besser wickeln und ihm das Fläschchen besser geben als sie selber. Das sind zwei Fertigkeiten, die weiß Gott keine enorme Begabung erfordern. Der moderne Vater behauptet auch nicht mehr, dass er diese Dinge nicht tun kann oder nicht tun will – das wäre weder glaubwürdig noch akzeptabel. Er sagt aber noch immer, dass er es schlechter macht. Damit sind die Weichen gestellt dafür, dass er diese Arbeiten immer dann, wenn beide Eltern anwesend sind, der Frau abtreten kann. Im Grunde genommen ist diese Taktik, die wir als die »Tollpatschiger-Mann-Taktik« beschreiben können, verwandt mit der »Ergebenen-Frau-Taktik«. Wenn man sich nicht zu schade ist, sich selbst zum Kasper oder zur Untertanin zu machen, kann man auf diesem Weg Energie sparen.

»Ich tu es ja, aber später«

Elkes Mann überredete sie dazu, vier Kinder zu bekommen, weil er selber aus einer großen Familie kam und das ideal fand. Vier Kinder, das bedeutet ganz schön viel Arbeit. Wenn Elke an den Wochenenden Hilfe brauchte, lehnte Thomas das nicht ab – das hätte er ja auch schwer rechtfertigen können. Sein Standardsatz lautete: »Nicht jetzt, in 20 Minuten.«

Lässt man ein stinkendes Baby 20 Minuten herumliegen? Ein schreiendes Baby 20 Minuten im Hochsitz auf seinen Brei warten und den anderen beim Essen zusehen? Natürlich nicht – daher tat Elke es lieber selber, wütend, was noch mehr Energie verbrauchte. Mit der Zeit fragte Elke immer seltener, und Thomas sparte sich immer öfter sogar noch den Aufwand, seinen Verzögerungssatz auszusprechen. Es blieb ihm die pure, volle Energie.

»Wie viele Minuten brauchen die Spaghetti?«

Manche Männer betrachten es als eine sportliche Herausforderung, aus einem einfachen Vorgang – den sie nicht leisten wollen – so viele Nachfragen und Unterstützungsbedürfnisse wie nur irgend möglich herauszuholen.

Ein einfacher Topf Spaghetti, und doch stecken so viele Möglichkeiten in ihm. Da ist zunächst die Frage, welcher Topf geeignet ist – dieser kleine flache vielleicht? Dann die Frage, wie man die Menge berechnet – schau mal, Schatz, für vier Personen, komm doch mal schnell her, was meinst du, *so* viel? Die Spaghetti können entweder in kochendes oder in noch kaltes Wasser gelegt werden – wie ist es richtig? Salz ins Wasser oder nicht?

Eine Auszeichnung gebührt der Frau, die sich an dieser Stelle den Hinweis verkneifen kann, man möge einen Esslöffel Öl ins Wasser geben, damit die Spaghetti nicht kleben. Wer diesen Satz spricht, hat diese Runde verloren, hat sich wieder in die Rolle der alleswissenden Allesmacherin drängen lassen.

Aber zurück in unsere hypothetische Küche. Nun kochen die Spaghetti, doch wann sind sie fertig? Al dente sollen sie doch sein, oder? Aber wie beurteilt man das? Also, ich finde sie noch eine Spur zu fest, aber was sagst du, Mausi? Zum Abseihen des Wassers gehören, sofern ein Mann dafür zuständig ist, mindestens zwei Personen, besser drei. Hast du die Spaghettigabel gesehen? Welche Teller soll ich nehmen, die flachen oder die tiefen? Wie viel soll ich dem Manuel geben, meinst du – reicht das?

Von der Soße haben wir noch gar nicht gesprochen, sie bietet viele weitere Möglichkeiten zu Unwissen und Ungeschicklichkeit. In der Mikrowelle aufwärmen oder auf dem Herd? Dazu im Glas lassen oder umschütten? Falls auf dem Herd, in welcher Pfanne? Gleich über die Spaghetti schütten, oder nimmt sich jeder selber? Haben wir Parmesan? Die Reibe, aha – wie sieht so was aus? Mit Löffel und Gabel decken, oder reicht die Gabel?

»Natürlich, ich koch heute, damit du deinen Artikel fertig schreiben kannst, aber was soll ich kochen?« Wer hoffnungsvoll Spaghetti vorschlägt in der Annahme, damit ein geeignetes Anfängergericht gewählt zu haben, kennt nicht den Erfindungsreichtum des männlichen Energiesparers. Spaghetti geben leicht zehn bis fünfzehn Unterbrechungen und Konsultationen her. Und die Frau wird es sich beim nächsten Mal sicher zweimal überlegen, bevor sie versucht, mit ihrer Energie sparsam umzugehen.

Eine mögliche Reaktion auf Schummeln ist, ebenfalls zu schummeln. Doch das ist nicht die optimale Reaktion. Bestenfalls ergibt sich eine Spirale des Schummelns, bis die Regeln der Fairness schließlich gänzlich durchbrochen sind und sich nur noch zwei zähnefletschende Kampfhunde gegenüberstehen. Neben der Tatsache, dass es heutzutage einfach absurd ist, aus opportunistischen Überlegungen eine Unterwerfungspose zu mimen, ist das auch der Grund, warum die »schlaue Frau« nicht funktionieren kann. Das heißt, sie kann dann funktionieren, wenn sie einen »dummen Typen« geheiratet hat – jeder andere durchschaut dieses Vorgehen.

Die »schlaue Frau« tut immer genau das, was sie möchte, und schaut ausschließlich auf sich selber. »Ich gehe heute mit meinen Freundinnen weg, tschau!«, ruft sie ihrem Mann beispielsweise nur sorglos zu, während sie die Haustür hinter sich schließt. Sie fragt ihn nicht, ob er die Kinder übernehmen kann, ob es ihm recht ist, ob er Pläne hat, sondern sie braust einfach davon in der Zuversicht, dass er in seiner Eigenschaft als großer Chef und Familienoberhaupt sicherlich alles managen kann.

»Ich wünsche mir ein größeres Haus«, soll die schlaue Frau zum Beispiel flöten, und der Mann soll sich in seiner männlichen Ehre gezwungen fühlen, ihr diesen Wunsch und auch jeden anderen sofort durch Fleiß und Mehrarbeit zu erfüllen. Ein neues Auto, ein toller Urlaub, sie soll nur ihre Wünsche äußern, allerdings niemals in der Form von Kritik, und ihn nur ganz indirekt fühlen lassen, dass er wohl kein richtiger Mann ist, wenn er das nicht herbeischafft.

Ist das realistisch? Darüber soll sie sich keine Gedanken machen – muss er eben ein bisschen mehr arbeiten. Aber können Männer wirklich, indem man nur ihr Ego ein wenig streichelt, in eine Art menschliches Tischleindeckdich verwandelt werden?

Männer im Licht des Impulserhaltungsgesetzes

Warum ein elastischer Stoß in der Liebe besser ist als ein unelastischer Stoß

Sie leben mit einem Mann zusammen. Das eine oder andere hat Ihnen ursprünglich an ihm gefallen – deshalb leben Sie ja auch mit ihm zusammen. Mittlerweile lieben Sie ihn, zumindest aber haben Sie sich an ihn gewöhnt und viel in ihn investiert. Sie wollen nicht mit einem Neuen, von dem Sie nicht einmal wissen, ob es ihn gibt und wo Sie ihn finden sollen, noch mal von vorne anfangen.

Leider aber missfällt Ihnen einiges an Ihrem Zusammenleben. Sie spüren genau, dass sich einige negative Muster eingeschlichen haben. Das ärgert sie. Manchmal fühlen Sie sich richtig unglücklich, doch dann geben Sie sich wieder einen Ruck. Das wird schon noch! Sie schreiben die störenden Dinge irgendeinem vorübergehenden Einfluss zu. Er ist unter Stress. Er ist noch jung und unreif. Er hat noch nicht begriffen, wie sehr er Sie liebt und braucht. Er muss erst noch diese Prüfung ablegen, dieses Projekt abschließen, diese Beförderung bekommen, dann fällt der Druck von ihm ab und er wird ganz anders sein.

Sie warten. Vielleicht handeln Sie auch, in irgendeiner Hinsicht. Sie setzen die eine oder andere weibliche Taktik ein. Sie argumentieren, drohen, erklären. Sie versuchen die störenden Dinge zu ignorieren und einfach damit zu leben. Sie verschönern sich und/oder Ihr Heim, um ihn zu binden und zu domestizieren. Sie machen ihn eifersüchtig. Sie bekommen ein Kind. In erster Linie aber warten Sie. Sie warten darauf, dass Ihre verschiedenen großen und kleinen Interventionen irgendwann Früchte tragen.

Bei Frauen mittleren Alters, die durch Kinder, gemeinsame Anschaffungen und ein ganzes, miteinander verwobenes Leben an ihren Partner gebunden sind, verstehen wir mitunter diese Geduld.

Es sind aber nicht wirklich die Sachzwänge, die Frauen in schiefen, unbefriedigenden Beziehungen festhalten. Es ist – Sie ahnen es längst – vielmehr ihr Unverständnis gegenüber grundlegenden physikalischen Prinzipien. Das erkennen wir besonders gut, indem wir uns Frauen ansehen, die noch gar keine Sachzwänge haben, und trotzdem den gleichen Fehler machen, nämlich:

Sie wollen ihren Partner oder die Regeln des Zusammenlebens mit ihm verändern, aber sie bedenken nicht, dass das ohne Kraft nicht möglich sein wird.

Die Kraft ist der Quotient aus der Impulsänderung und der Zeit, in der diese Änderung erfolgt. (Zweites Newton'sches Axiom, Aktionsprinzip)

Von den beiden Bestandteilen Impulsänderung und Zeit bringen diese Frauen nur die Zeit ein – in Form von endlosem, geduldigem Warten. Wohl versuchen sie, Veränderungen herbeizuführen – mit den Mitteln, die wir oben beschrieben haben. Diese funktionieren aber nicht – und können auch nicht funktionieren, denn:

Die Änderung der inneren Energie eines thermodynamischen Systems ist gleich der Summe der ausgetauschten Wärmeenergie und der ausgetauschten mechanischen Energie.

Wie wir anhand der eigenen, gleich folgenden Beschreibungen sehen werden, gibt es in diesen Beziehungen aber keine *ausgetauschte* Energie. Es gibt einseitigen Energieverbrauch, indem die Frau sowohl Wärmeenergie als auch mechanische Energie in überproportionaler Weise an ihren Partner abgibt. Sie liebt, kümmert sich, sorgt sich um die Beziehung, bemüht sich um ein gemeinsames Sozialleben, organisiert den Haushalt, plant die Zukunft – in deutlich einseitigem Ausmaß. Sie denkt linear: Diese Dinge müssen geschehen, und wenn er es nicht macht, dann mache eben ich es für uns beide. Das ändert aber nicht die innere Energie der Beziehung. Diese ändert sich nur auf der Grundlage eines Austausches, und zwar eines ausgewogenen, fairen, gleichen Austausches. Es kann nicht eine den anderen mitschleppen. Das bewirkt nur, dass sie sich gänzlich verausgabt, keine Kraft mehr hat und selbst nichts mehr bewirken kann.

Wenn Sie sich in einem solchen System befinden, dann gibt es nur eine traurige Wahrheit: Ohne das Zutun Ihres Partners wird sich gar nichts ändern, egal, was Sie tun. Sie können sich auf den Kopf stellen. Sie können zur perfekten Traumfrau werden. Sie können zur hysterischen Furie mutieren. Sie können zehn Kinder bekommen, thailändisch kochen lernen, das Kamasutra einstudieren. Es hilft nichts. Sie haben eine Grenze. Sie können, wie Sie es auch anstellen, nur Ihre Hälfte des Systems tragen. Wenn kein gleicher Austausch da ist, dann wird dieses System nicht funktionieren im Sinne eines ausgewogenen, gleichberechtigten Systems.

Beginnen wir mit Sabine. Sie ist 21 und Studentin – wenn auch leider nicht Studentin der Physik:

»Die Beziehung meiner Eltern habe ich als Kind als etwas sehr Harmonisches erlebt. Als ich 16 war, haben sich meine Eltern getrennt, mein Vater hat die Mutter wegen einer jüngeren Sekretärin verlassen, ganz klassisch.

Seit meine Mutter diese schmerzhafte Trennung durchmachen musste, sagt sie oft, dass ich mich niemals so ausnutzen lassen soll und mich nicht abhängig machen soll, auch finanziell, dass ich nicht zurückstecken soll für einen Mann, für seine Karriere. Ich habe es ja auch selber miterlebt, irgendwann ist so eine brave Hausfrau und Mutter, die alles für ihn tut, dem Mann dann zu langweilig und er sucht sich was anderes. Meine Mutter warnt mich oft, aber erst, seit sie es selber erlebt hat. Sie hat ihn geliebt und war die ganze Zeit blind vor Liebe.

Ich lebe heute mit meinem Freund zusammen in einer Wohnung, er wird jetzt demnächst fertig mit dem Studium und arbeitet nebenbei ganztags. Ich hab nur das Studium, daher hab ich mehr Zeit, bin mehr daheim, und deshalb bin ich für den Haushalt und Kochen usw. verantwortlich, also er tut da gar nichts. Er bezahlt mir allerdings etwas dafür. Ich finde den Betrag o.k., auch wenn er sich für das Geld sicher keine Putzfrau würde leisten können. Ich hoffe, dass es besser wird, wenn er mit dem Studium fertig ist.

Die Pluspunkte bei ihm ... das ist eine schwierige Frage. Er ist sehr ausgeglichen, würde ich vielleicht sagen, ein Kopfmensch. Er holt mich runter, weil ich sehr emotional bin, als Ausgleich tut er mir gut. Aber das ist auch ein Minuspunkt, dass er kein Gefühlsmensch ist, oder viel zu wenig Gefühlsmensch. Deshalb versteht er oft meine Probleme nicht, auch wenn es mir schlecht geht.

Ich weiß, dass ich ihm momentan viel mehr gebe als er mir, auch zeitmäßig, aber ich denke, da muss ich jetzt halt durch und dann wird es besser.

Ich habe mich in ihn verliebt, weil er sehr gut aussehend ist, charmant, immer gut drauf, er ist auch ein Beschützertyp, immer der Starke, Ruhige, Nüchterne.

In zehn Jahren möchte ich gerne eine Arbeit haben, die mich befriedigt, zum Beispiel als Betreuerin in einem Behindertenheim. Ich möchte gerne eine Familie haben, Kinder. Und ich möchte, dass der Matthias sich ändert, dass ich die erste Priorität für ihn werde. Dafür muss aber wohl erst ich mich ändern, mein Ziel ist es, unabhängig sein zu können, weil ich momentan nicht ohne ihn leben könnte, ich kann nicht allein sein. Wenn ich das könnte, hätte ich auch ein Druckmittel, könnte ihm sagen, ändere dich, sonst bin ich weg. Das kann ich jetzt aber nicht, und das weiß er auch, und deshalb ist es sehr bequem für ihn. Aber er ist nicht schuld an der Situation, ich tu das ja alles mehr oder weniger freiwillig, weil ich ihn brauche, weil ich Angst habe ihn zu verlieren.

Wenn ich mich ändere und er nicht, kann ich mir auch vorstellen, allein oder mit einem anderen Mann zu sein in zehn Jahren, aber wünschen tu ich mir lieber eine Zukunft mit ihm. Nur, so kann es nicht ewig weitergehen, das halte ich nicht aus.«

Dieses Gespräch hat viele schauerliche Aspekte.

Dass Sabine nicht in der Lage ist, die Parallelen zwischen ihrer eigenen Beziehung – und darin für den Mann quasi aus Liebe zu arbeiten – und dem haargenau so aufgebauten Schicksal ihrer Mutter zu erkennen, dass sie sich mit einer Putzfrau vergleicht und ihren Wert sogar niedriger einstuft, das sind nur gespenstische Details am Rande. Dass eine 21-jährige Frau, die einen verantwortungsvollen Beruf anstrebt, sich als so options- und hilflos empfindet, ist erschütternd.

Fassen wir zusammen: Sabine lebt mit einem Mann, zu dem ihr nur mit Mühe eine einzige gute Eigenschaft einfällt. Sie geht davon aus, dass die Beziehung in erster Linie bequem für ihn ist, während sie restlos abhängig ist von ihm. Mit 21 Jahren, noch nicht einmal verheiratet, ohne Kinder, spricht sie schon in den resignativen Sätzen einer alternden Hausfrau und Mutter – sie will durchhalten, warten, hoffen. Worauf? Dass er sich »ändert«. Sie hofft, dass es besser wird – auf der Grundlage welcher Fakten?

Matthias, sagt sie, sei ein »Beschützertyp«. Sehr schön – aber worauf basiert diese Zuschreibung? Wie und wo beschützt er sie? Mit wesentlich mehr Berechtigung könnte sie ihn als »Ausnutzertyp« beschreiben. Aber Sabine will unbedingt aufschauen und sich anlehnen können, deshalb bastelt sie sich aus den Eigenschaften »stark, ruhig, nüchtern« eine Figur zurecht, von der sie sich Halt verspricht.

Wenn sich jemand nicht einmal in den ersten Jahren einer Beziehung Mühe gibt, im vergleichsweise stressfreien Lebensalter der Studentenzeit, im Vollbesitz eines jugendlichen Gefühlshaushaltes und junger Leidenschaften, dann sieht es ziemlich düster aus für später.

Sehen wir uns als Nächstes Annette an, auch 21. Sie besucht die Sozialakademie.

»Ich bin mit meinem Freund jetzt seit zwei Jahren zusammen, wir leben beide in einer WG, das heißt in zwei verschiedenen. Wir sind aber jeden Abend, also jede Nacht zusammen, entweder bei mir oder bei ihm. Jeder ist für seine Wohnung und sein Zimmer selbst verantwortlich, und kochen tun wir gemeinsam. Für die Zukunft haben wir das so beschlossen, dass derjenige mehr machen wird im Haushalt, der mehr daheim ist. Wenn er wirklich Lehrer wird, dann wird wahrscheinlich er mehr daheim sein und mehr machen.

Vom sozialen Umfeld her ist das ziemlich ausgeglichen. Unsere Aktivitäten, zum Beispiel ins Kino gehen oder essen gehen, das schlag immer ich vor. Diskussionen gehen auch immer von mir aus, wenn mir was nicht passt, weil ihm ist eh alles egal, beziehungsweise ihm passt eigentlich alles.

Mir hat an ihm gefallen, dass er so anders ist als die anderen Männer, er ist kein so ein Machotyp, der es den anderen zeigen muss, er lässt sich nicht von der Gruppe vereinnahmen, hat aber trotzdem viele Freunde. Die rauchen zum Beispiel alle, und er nicht. Im Kontrast zu mir ist er sehr gelassen und ruhig, ich bin eher ein Energiebündel, er holt mich dann herunter. Aber das ist auch oft ein Minuspunkt, dass er mich oft zu viel herunterholen will. Er hält aber auch viel aus, mein Rumnörgeln und so, das stört ihn nicht.

Wenn wir streiten, dann eigentlich immer über Fußball: Er spielt in einer Mannschaft, schaut jedes Spiel im Fernsehen an, geht zu jedem Spiel ... darüber streiten wir oft. Ich verlange ja nicht, dass er damit aufhört, nur soll es nicht sein Lebensinhalt sein. Aber das will er nicht einsehen.

Mir ist momentan sehr wichtig, dass wir uns jeden Tag sehen, auch wenn wir nicht zusammenwohnen. Weil wir doch eine gemeinsame Zukunft planen, und da ist es gut, vorher schon im Alltag zusammen gewesen zu sein, den Alltag zusammen zu erleben. Da merkt man, ob man wirklich zusammenpasst, das ist eine Probe für unser späteres gemeinsames Leben. Mir ist wichtig, dass ich alles vom Leben des anderen weiß und kennen lerne.

Meine nächsten Ziele: Im Sommer werde ich mit der Ausbildung fertig, dann will ich einen guten Job finden, am liebsten würde ich an einem sozialen Projekt mitarbeiten. Eventuell wollen wir nächstes Jahr zusammenziehen.

In zehn Jahren möchte ich bereits ein bis zwei Kinder haben, und wir wollen bis dahin verheiratet sein, eine schöne gemeinsame Wohnung haben.

Ich bin mental sehr abhängig von ihm, momentan, kann mir ein Leben ohne ihn nicht vorstellen. Aber das ist im Moment ja kein Problem, weil alles passt zwischen uns. Wenn es nicht so wäre, wäre das vielleicht schon ein Problem für mich, das glaub ich schon.«

Was hier auffällt, ist dieselbe alte Zuständigkeit: Die Frau arbeitet an der Beziehung, denkt nach über die Beziehung, will die Beziehung besser und enger machen, will diskutieren über die Beziehung. Sie will alles über ihren Partner wissen. Sie ist »mental abhängig von ihm« – ein beklemmender Ausdruck, umso mehr, wenn wir das Objekt ihrer Anhänglichkeit betrachten. Wovon ist er abhängig? Von Fußball. Sie ist ein »Energiebündel«, er »holt sie runter«. Ja, er »holt sie runter« – eine Formulierung, die uns aufhorchen lässt, vor allem weil wir ihr schon im vorangegangenen Gespräch mit Sabine begegnet sind. Ist das wirklich ein Liebesdienst, eine gute Sache, den anderen »herunterzuholen«? Sollte man der Person, die man liebt, nicht lieber »hinaufhelfen«?

Abschließend soll hier Franziska, 22 Jahre, ebenfalls Studentin, zu Wort kommen.

»Meine Eltern sind beide arbeiten gegangen, meine Mutter halbtags.

Fürs Putzen und Kochen und so war die Mutter allein verantwortlich. Sie war oft unzufrieden, hat sich aus der ganzen Arbeit nicht herausgesehen und war unfreundlich zu meinem Vater und uns Kindern, dann ist mein Vater geflüchtet, zu seinen Freunden. Es war sicher kein gutes Vorbild, weder die Mutter noch der Vater war ein gutes Vorbild.

Meine Mutter war zuerst sehr besorgt um mich, als ich mit meinem Freund zusammengezogen bin, sie hat Angst gehabt, dass ich in diese klassische Frauenrolle gedrängt werde oder mich drängen lasse, dass es mir so gehen wird wie ihr.

In meiner eigenen Partnerschaft sind die Zuständigkeiten aber ziemlich genau geregelt, wir studieren beide und haben somit ziemlich gleich viel Zeit, er hat mehr in seinem Studium zu tun als ich, aber dafür arbeite ich nebenbei. Fix ist zum Beispiel, dass Bernd für den Müll verantwortlich ist, weil ich das hasse und mir davor graust, und ich dafür bügle. Wenn wir Wohnungsgroßputz machen, dann gemeinsam.

Für das soziale Umfeld bin ich eigentlich ganz allein verantwortlich, er hat fast keine Freunde, er braucht das auch nicht. Ich brauche es auch nicht jeden Tag, aber manchmal schon, dann gehe ich halt alleine weg, mit Freunden und Freundinnen. Wenn wir ins Kino gehen oder essen oder Freunde einladen, dann geht das immer von mir aus, und das stört mich. Er macht zwar meistens mit und ist mit allem einverstanden, aber er versteht nicht, dass ich es gerne hätte, wenn er sich mal was einfallen lässt und die Initiative ergreift. Er denkt, es ist schon genug, wenn er mitmacht, das wäre ohnehin schon ein hinreichendes Opfer sozusagen.

Diskussionen gehen auch nur von mir aus, weil für ihn immer alles o.k. ist, so, wie es ist, ihn stört fast nie etwas, und er versteht oft nicht, dass ich manchmal mit Dingen ein Problem habe.

Wir streiten oft über Kleinigkeiten, obwohl es schon besser geworden ist. Zum Beispiel mit dem Biokübel. Mir graust, wenn der schon überquillt und alles fault und stinkt, und früher hab ich da oft gejammert und ihn gebeten, das doch zu erledigen, aber ich bin draufgekommen, dass er es nicht schneller macht, wenn ich mich aufrege. Im Gegenteil, er wird eher noch verärgert und regt sich auf, dass ich so zickig bin. Solche Sachen versuche ich heute halt zu ignorieren, und das gelingt mir immer besser. Weil die Alternative wäre, dass ich anfange, es für ihn zu tun, und da denk ich gar nicht dran, sicher nicht.

Was mir an ihm sehr gut gefällt, ist, dass er ein total »weicher« Mann ist. Er ist sehr gefühlsbetont.

Was mich stört, ist seine Bequemlichkeit. Er verlässt sich sehr auf mich, und ich bin für alles verantwortlich. Er zeigt wenig Eigeninitiative. Auch wenn wir zum Beispiel die Hausarbeit teilen, muss ich ihm trotzdem alles sagen. Kannst du nicht bitte wieder einmal saugen und dies und das, ihn stört ja nichts, kein Dreck, kein gar nichts.

Ich denke, dass ich in zehn Jahren noch mit ihm zusammen sein werde, aber das ist nicht sicher. Ich möchte mich durch ihn von nichts abhalten lassen, aber eine Zukunft mit ihm erscheint mir realistisch. Es wird hoffentlich jeder von uns einen guten Job haben, einen Job, der Spaß macht und fordert. Ich möchte Kinder haben, eines oder zwei, ich denke auch, dass er ein sehr guter Vater wäre, weil er sehr kindisch ist.«

Hier klingt ja zunächst mal einiges ganz neu und gut. Die Hausarbeit wird geteilt. Der Freund wird nicht als maskuliner Felsen, sondern als empfindsames Wesen geschätzt. Und Franziska wirft sich nicht in die Pose der hilflos Verliebten, die schon mit 22 abhängig von ihrem Partner ist, sondern betont hier und dort ihre Unabhängigkeit: Die Ehe ist ihr offenbar nicht so wichtig, sie möchte sich »durch ihn von nichts abhalten lassen«.

Doch die Sache hält einem näheren Blick nicht stand. Theoretisch beteiligt sich Bernd gleichberechtigt an der Hausarbeit.

Doch in der Praxis sabotiert er diesen feinen Grundsatz. Er streitet nicht über das Prinzip seiner Mitarbeit, zwingt seine Partnerin dafür aber in lächerliche Kleinkriege über Dinge wie überquellenden, stinkenden Biomüll. Bernd verhält sich genauso wie die emanzipationsresistenten Männer vorangegangener Generationen: Er macht seine wenigen Aufgaben schlecht, muss immer wieder daran erinnert werden, begibt sich in die Rolle des unwilligen Helfers. Er erreicht damit drei Dinge:

Erstens hat er die Situation de facto umgedreht. Prinzip hin, Prinzip her, in Wirklichkeit hat er erreicht, dass Franziska für den Haushalt zuständig im Sinne von verantwortlich ist. Sie »sieht«, was gemacht werden muss, sie organisiert und teilt ein und plant. In dieser Weise wird es zu »ihrem« Anliegen: Sie will, dass er etwas macht, und wenn er es endlich tut, dann »für« sie.

Zweitens hat er erreicht, dass der Haushalt als trivialer Bereich definiert wird. Ihm fallen solche Dinge ja gar nicht auf. Sie studiert den Staub und den Schmutz, seine Gedanken sind ganz woanders, in edleren, höheren Sphären. Wenn sie ihn mit dem Biomüll belästigt, dann deshalb, weil sie kleinlich und »zickig« ist.

Drittens hat er erwirkt, dass sie zurückzieht. Schon jetzt hat er sie dahin gehend »dressiert«, dass sie ihn mit dem Müll in Ruhe lässt. Sie hat gelernt, dass es sich nicht lohnt, ihn im Haushalt an Abmachungen zu erinnern. Wetten, dass es Franziska schon bald zu dumm wird und sie den Biomüll selber entsorgen wird? Im Lauf der Jahre wird der Müllstreik dann ausgeweitet auf andere Bereiche, bis sie mehr und mehr, er weniger und weniger tut.

Diese Taktik ist sehr geschickt. Indem die Frau gezwungen wird, für jeden kleinen Handgriff, für jeden Zentimeter zu kämpfen, immer wieder, entsteht schließlich eine Situation, in der dieser Streit für sie nicht mehr rational erscheint. Es ist einfacher, ihn in Ruhe zu lassen, und sogar einfacher, es selber zu machen.

Übrigens: Es gibt keinen Grund, warum die Frau einen solchen »Krieg« nicht gewinnen könnte. Der Ausgang hängt ausschließlich davon ab, wer mehr Ausdauer hat. Allerdings ist das meist der Mann, weil die Frau früher wütend wird und sie auf ihrem Terrain kämpft, nicht auf seinem. Sie lässt zu, dass gestritten wird um Dinge, die ihre Bequemlichkeit und ihren Standard verletzen. Erst wenn es um seinen Komfort geht, um Dinge, die er als wichtig für seine Lebensqualität schätzt, kann sie punkten.

Auch in einem anderen Bereich des Zusammenlebens verhält sich Bernd absolut klassisch. Freizeit und Sozialleben, auch das ist neben der Hausarbeit ein zeit- und kräfteintensiver Bereich. Freundschaften müssen gepflegt, Veranstaltungen recherchiert, Reisen geplant werden – das macht Mühe.

Bernds Strategie besteht darin, möglichst wenig mechanische oder Wärmeenergie einzubringen.

Verurteilt er sich damit nicht auch dazu, in einem gestörten System zu leben? In gewisser Hinsicht natürlich ja. Er tut es trotzdem, weil ihm erstens der energiepolitische Nutzen seiner Strategie sehr attraktiv erscheint. Und zweitens tut er es, weil er nicht wirklich in diesem System lebt. Für seine Partnerin ist das Zusammenleben ihr primäres System. Er aber geht von einer anderen Wertigkeit aus. Wer weiß, welches System er als sein primäres betrachtet? Vielleicht seinen Beruf und seine beruflichen Pläne – vielleicht sieht er sich als geschlossenes System für sich alleine, das nur den eigenen Nutzen und die eigene Energiepolitik bedenken muss.

Männer wie Bernd haben jedenfalls erkannt, was ihre Partnerinnen meist nicht wahrhaben wollen: dass ihre Beziehung kein authentisches thermodynamisches System darstellt. Stattdessen ist es eine Chance, Energie zum eigenen persönlichen Nutzen auszubeuten.

Philipp oder: Der Niedergang der Mathematikerin

Philipp ist 43, groß und sportlich. Er ist durchaus freundlich, wirkt aber zugleich sehr bestimmend – das ist nicht jemand, der sich gerne widersprechen lässt. Umso mehr verunsichert ihn die Situation, in der sich jetzt seine Ehe befindet. Seine Frau hat sich seinen plausiblen, logischen Planungen entzogen, indem sie emotional erkrankte. Bezeichnend, dass er dagegen gerne mit Medikamenten angehen will – das ist ein Versuch der Versachlichung und ein Versuch, das Problem auf die »mechanische« Ebene zu übertragen, auf der er sich zu Hause fühlt.

Philipp ist Gründer einer eigenen Versandhandelsfirma, eines Start-up-Unternehmens, das er mit einem Kollegen gegründet hat. Er ist verheiratet mit Elfi, 41 Jahre alt. Sie haben zusammen eine 14-jährige Tochter.

Er erzählt:

»Sie erwischen mich mit diesem Interview an einem Punkt, wo ich selber nicht genau weiß, was los ist. Dabei bin ich sonst nicht jemand, der sehr leicht zu verunsichern ist. Ich bin immer meinen Weg gegangen, habe gewusst, was in meinen Möglichkeiten liegt. Ich traue mir viel zu.

Mit Elfi bin ich im Grunde mein gesamtes Erwachsenenleben zusammen. Wir haben uns an der Uni kennen gelernt, ich habe Technik studiert, sie Mathematik. Wir waren sehr schnell ein Paar. Sie war als weibliche Mathematikerin damals absolut in der Minderheit, und das hat mir gefallen. Ich wollte immer eine Freundin haben, die besonders clever ist.

Elfi ist mir aufgefallen, weil sie eine fesche Brille aufhatte. Damit hat sie so richtig intellektuell ausgesehen, das habe ich sehr sexy gefunden. Sie war auch eine Emanze, aber nicht von der negativen Seite im Sinne von Männerhasserin, sondern sie war eine, die sich engagiert hat. Sie hat die Professoren konfrontiert, sie hat immer gewusst, was Sache ist, in dem Punkt habe ich sie sehr beneidet. Ich bin zum Beispiel im Sprechen nicht so gut und sie war da wunderbar. Ich kann mich erinnern, wie sie vorm Auditorium vor 200 Leuten ihren Standpunkt vertreten hat. Damals ging es um die Abwicklung von Prüfungen, da waren keine drei Frauen dabei, sie war also eine Superfrau.

Sie war eigentlich nicht an Männern interessiert, was ich ihr aber nicht übel nehmen konnte; an der Uni lebte sie schließlich den ganzen Tag lang in einer totalen Männerwelt und war wahrscheinlich froh, wenn sie am Abend ihre Ruhe hatte. Dann habe ich es aber trotzdem geschafft, mich ihr zu nähern. Ich habe das ganz geschickt gemacht, ich habe eine Arbeitsgruppe gegründet. Da sie immer sehr fleißig war, trat sie bei, und wir haben dann immer an den Wochenenden miteinander gearbeitet. Ich bin sehr gerne mountainbiken gegangen, sie hat das damals noch nicht gekannt, alles, was sie nicht kannte, hat sie neugierig gemacht, sie ist also mitgekommen. Dann ist sie gestürzt, und irgendwann lag sie in meinen Armen. Es war perfekt, wie im Kino.

Wir waren jung, lustig und zuversichtlich, wir sind zusammengezogen, haben uns aus finanziellen Überlegungen eine Studentenbude geteilt, weil meistens sowieso der eine beim anderen geschlafen hat. Wir sind, wie die meisten unserer Generation, einfach in das Zusammenleben hineingeschlittert, ganz locker, so war das damals üblich.

Dann kam es an den Punkt, wo ich in eine große Firma gegangen bin. Ich war zwei Jahre vor ihr fertig, ich hab sehr gut verdient, und das hat mich sehr begeistert, da ich ja aus einfachen Verhältnissen komme. Nun stand ich plötzlich am Ende des Monats mit einem riesigen Scheck da. Es war ein tolles Gefühl, und ich habe gewusst, dass ich weiterwill und Karriere machen will.

In privater Hinsicht wollten Elfi und ich dasselbe, nämlich eine Familie gründen. Wir wollten in absehbarer Zeit zwei bis drei Kinder bekommen. Daher kam es mir gar nicht so vernünftig vor, dass sie Allgemeine Mathematik macht, wo sie danach ja nur die Möglichkeit gehabt hätte, voll zu arbeiten, und nicht die Möglichkeit, einen familienfreundlichen Job zu finden. Ich habe sie daher überredet – und das wirft sie mir bis heute noch sehr vor –, das Lehramt für Mathematik zu machen. Im Grunde wirklich ein Wahnsinn, wenn man bedenkt, wie talentiert sie war, sie war eine der Besten im Jahrgang.

Darüber habe ich damals nicht so viel nachgedacht, es war sicher ein selbstsüchtiger Entschluss. Das lief halt unter dem Etikett der Familienverträglichkeit; wahrscheinlich ist ihr nichts anderes übrig geblieben, als ja zu sagen. Weil was wäre die Alternative gewesen? Die Familie aufschieben, wir beide voll berufstätig ... ich weiß es nicht. Es war von meiner Seite ein klares Statement für die Familie. Ich habe ihr gesagt, dass ich mit ihr zusammen sein will, dass ich sie heiraten und mit ihr Kinder haben will, dass wir uns dann aber auch entsprechend organisieren müssen. Sie sollte ja nicht Hausfrau werden, sondern sie sollte als Realschullehrerin arbeiten, das ist an sich ja nichts Ehrenrühriges.

Am Anfang ist es ganz gut gelaufen, wir haben uns gut verstanden, wir haben den Haushalt aufgebaut. Elfi ist mit Kordula schwanger geworden. Kordula war ein anstrengendes Kind, es war ein Glück, dass Elfi am Nachmittag bei ihr sein konnte. Es wäre schwer gewesen, sie per Fremdversorgung über die Runden zu kriegen. Sie hatte Asthma, sie hatte schlimme Angstzustände, sie war ein extrem sensibles Kind, das war von Anfang an so. Sie ist als Baby schon mit Hautausschlägen gequält gewesen, das war sehr aufreibend und furchtbar. Das war leider auch die Zeit, wo ich ziemlich abtauchen musste, wo es in der Firma um Sein oder Nichtsein ging, wo die unteren Ränge in der Firma auf der Strecke blieben und man darum kämpfen musste, nicht dazuzugehören. Ich habe mich durchgesetzt, aber mit Totaleinsatz, was sich natürlich auf die familiäre Situation ausgewirkt hat.

Wir haben ein Haus gebaut, am Stadtrand von Wien, Swimmingpool und alles, was man braucht, und ich habe das alles für die Familie, für die erwarteten Kinder getan. Elfi war sehr tüchtig in der gesamten Planungsphase, sie kennt sich da ja aus, wir haben uns dadurch immens viel Geld erspart, weil sie sich da voll eingemischt hat, neben ihrer Arbeit und neben ihrem Kind. In Wirklichkeit habe ich sie voll bewundert, weil sie viel mehr gearbeitet hat als in unserer Firma ein Chef in oberer Position, sie ist mit der Schule und dem Kind und dem Bau über drei Jahre ganz schön drangekommen. Sie war dabei im Grunde sehr fröhlich, sie hat mich sehr entlastet, am Wochenende durfte ich so richtig durchhängen. Sie musste auch am Samstag unterrichten, da habe ich am Vormittag die Kleine gehabt, aber am Nachmittag konnte ich Tennis oder Squash spielen gehen.

Am Sonntag habe ich dann meistens Freunde getroffen, was aber eigentlich kein Privatvergnügen in dem Sinne war, sondern für das Geschäft sehr wichtig. Wir sind Bergsteigen gegangen und haben dabei Dinge ausgehandelt, die auf der informellen Ebene mit dem Job zu tun hatten. Elfi war mit dem Kind bei Freundinnen, die Kinder im ähnlichen Alter hatten. Die Jahre sind dahingegangen, Elfi hatte zwei Fehlgeburten. Das hat sich auf das Familienklima geschlagen, da der Plan, mehrere Kinder zu haben, nicht aufging. Das große Haus mit einem leer stehenden Kinderflügel war dann auch nicht so befriedigend, und als unsere Kleine in die Schule kam, da ist es kritisch geworden.

Elfi hatte zwar genug zu tun, sie hat am Nachmittag Nachhilfestunden gegeben, sie war sehr beliebt, weil sie so gut erklären konnte, aber ihr hat sicher die Herausforderung gefehlt. Diese Mathematikgeschichte hat sie ja einfach mit links gemacht, ich habe gespürt, dass sie unzufrieden wird, was sich durch Sticheleien und Eifersüchteleien ausgedrückt hat. Dann hat sie mich damit konfrontiert, dass sie nicht mehr unterrichten möchte, dass sie das aufgeben und sich etwas anderes suchen möchte.

Und dann kam es zu einem echt kritischen Punkt. Ich und ein Kollege, wir haben überlegt, dass wir dasselbe, was wir für den

Konzern tun, eigentlich genauso gut als eigene Start-up-Company machen können und dadurch mehr Kohle heranschaffen, weil dann die Profite auf unser Konto gehen. Das war alles sehr aufregend und wir fühlten uns jung genug, um noch einmal so richtig durchzustarten. Und meine Frau wollte mit dabei sein. Sie hat es nicht so direkt angesprochen, aber sie hat es deutlich anklingen lassen. Und mir hat das überhaupt nicht gefallen. Ich habe gewusst, dass es eine Höllenzeit wird, und wenn meine Frau da auch noch drinsteckt, das ist unmöglich. Von mir aus sollte sie woanders anfangen, ja, am liebsten wäre es mir gewesen, wenn sie sich einfach ein bisschen erholt hätte, wir hatten ja genug Geld. Sie sollte besser das Leben genießen, sich beurlauben lassen vom Unterricht. Man kann ja jederzeit wieder zurückkehren, Mathematiklehrer sind gefragt. Ich habe ihr das vorgeschlagen und zu meiner Überraschung hat sie ja gesagt. Mir war es recht, ich war ohnehin voll eingedeckt. Ich habe auch die Wochenenden durchgearbeitet, ich habe Frau und Kind nur nachts gesehen.

Elfi war so nett, nachts so lange zu warten, bis ich nach Hause kam, was selten vor zehn Uhr war, wir haben dann noch eine Kleinigkeit gegessen oder getrunken, dann bin ich müde ins Bett gefallen. Ich habe die Zeichen übersehen ... sie hat eine Zeit lang alles Mögliche gemacht, Sport betrieben, verschiedene Initiativen unterstützt und sich engagiert, sie hat mir da sicher einiges erzählt davon, aber ich kann mich an nichts Präzises mehr erinnern, ich war mittendrin im Überlebenskampf. Ich wollte mich in dieser Zeit bestätigen, und im virtuellen Handel ist sehr viel drin, wir haben es ja auch geschafft. Jetzt im Moment werden wir von unserer alten Firma gekauft, und das ist natürlich ein riesiger Triumph. Wir haben neue Marktanteile erobert, wir integrieren das in unsere Firma.

Was mir nicht aufgefallen ist: dass Elfi in der Zwischenzeit sehr unglücklich geworden ist. Sie war nun nicht mehr in der Schule, hat dieses Netz der Kollegenschaft verloren und kam stattdessen offensichtlich mit Frauen zusammen, die alle sehr unzufrieden waren, weil sie wenig oder gar nicht arbeiteten. In diese Gruppe hat sie eigentlich gar nicht hineingepasst. Ich habe ihre Freundinnen ab und zu im Vorübergehen getroffen, die waren mächtig herausgeputzt, wobei Elfi auf so etwas nie Wert gelegt hat.

Irgendwann erschienen dann auf dem Konto stattliche Therapierechnungen, wobei sie mir nicht einmal erzählt hat, dass sie einen Therapeuten besucht. Ich habe das in Ordnung gefunden, ich habe es bloß etwas komisch gefunden, dass sie sich mit mir nicht abgesprochen hat. Da ist sie ziemlich aggressiv geworden und hat gemeint, dass sie schon genug beigetragen habe, und sie müsse sich jetzt nicht rechtfertigen, wofür das Geld ausgegeben werde. Diese Empfindlichkeit war mir auch ziemlich neu, es ging ja gar nicht ums Rechtfertigen, weil sie ohnehin über unser Konto verfügen konnte. Mir sind einfach nur diese Kontogänge zu dieser Praxis aufgefallen, das ist ja etwas Außergewöhnliches und es springt einem ins Auge.

Ich war alarmiert, weil sie plötzlich so aggressiv und sensibel war. Ich bin daher mitgegangen, der Therapeut kam mir recht vernünftig vor. Er hat gemeint, dass wir in einer kontrollierten Situation nun alles aussprechen sollten, was uns störte. Ich war ganz perplex, denn mich hat ja eigentlich nichts gestört, erst ab diesem Zeitpunkt haben mich Dinge gestört. Sie war ab nun permanent im Widerspruch zu mir, wobei ich nicht herausfinden konnte, was sie eigentlich von mir wollte. Ich habe alles getan, habe für die Familie gesorgt, habe von ihr nicht einmal verlangt, dass sie etwas zum Familieneinkommen beiträgt, weil sowieso genug da war, und trotzdem war sie total unzufrieden.

Dann hat sie mir vorgeworfen, dass ich sie daran gehindert hätte, sich zu verwirklichen. Dass sie eine große Karriere hätte haben können. Mag sein, aber war das so sicher? O.k., sie war eine total beeindruckende Studentin, sie war sicher auch ein Stück besser als ich, weil sie sich so ins Zeug gelegt hat. Das musste sie damals auch, damals waren technische und mathematische Fächer eine Barriere für Frauen, und sie hat diese Herausforderung sehr sportlich genommen. Das gebe ich alles zu. Was ich mir trotzdem denke, ist, dass sie es sich jetzt zu leicht macht. Sie sagt, ich hätte ihr Leben verpfuscht, und ich hätte sie daran gehindert, etwas Großartiges aus ihrem Potenzial zu machen.

Sie hätte aber ja nicht aufgeben müssen. Wir hätten schon eine Einigung erzielt. Und zweitens kann sie ja noch immer etwas machen. Sie ist erst Anfang 40, die Welt steht ihr immer noch offen. Sie hat nie zu arbeiten aufgehört, sie hat immer Fachjournale gelesen und ist am neuesten Stand. Dass ich sie nicht in meiner Firma haben wollte, ist auch ganz klar. Das wäre sehr unfair meinem Partner gegenüber gewesen, der hat ja auch nicht eine dritte Person hineingebracht, geschweige denn seine Ehefrau. Das wäre vom Teamwork her nicht gegangen.

Ich würde es ihr gar nicht übel nehmen, wenn sie sich heute wo bewirbt und das alles nachholt, was sie versäumt hat. Wenn sie das möchte, dann soll sie das tun. Das würde sicher die allgemeine Lebensqualität erhöhen und für mehr Ruhe sorgen. Ich finde es schön langsam unerträglich, mit jemandem zusammenzuleben, der alles negativ und schlecht findet. Ich finde auch, dass diese langfristige Therapie nach einem Jahr zu wenig Erfolg zeigt. Man sollte allmählich darüber reden, dass Depressionen auch chemisch bewältigt werden können. Wenn das Sprechen nichts nützt, könnte man vielleicht doch Tabletten zur Unterstützung nehmen, und dann kann man die Sache wieder voll in Angriff nehmen. Sie sagt aber, sie hätte ihre Chance verpasst, 40-Jährige würden nicht mehr gebraucht. Ich kann das nicht einschätzen. O.k., es stimmt, bei uns in der Firma ist es schwer, so spät einzusteigen, andererseits muss sie ja nicht ganz oben anfangen. Sie kann sich ja raufarbeiten.

Heute würde ich manches anders machen. Ich würde mich nicht so 1000-prozentig in die Firma stürzen, das war sicher auch ein Fehler meiner Tochter gegenüber. Wir haben zwar eine gute Beziehung, manchmal fällt es mir aber schwer, mit ihr ins Gespräch zu kommen. Oft herrscht ein langes Schweigen und dann kommt ein Unbehagen auf. Ich spüre, dass sie mich gern hat, aber manchmal ist die Stimmung zwischen uns so angespannt, dass ich paranoide Anfälle kriege. Dann denke ich mir, dass meine Frau sie ins Vertrauen geschlossen hat und dass sich meine Tochter jetzt auch noch gegen mich stellt.«

Bei einer Reihenschaltung von Widerständen ist der Gesamtwiderstand gleich der Summe der Einzelwiderstände.

»Ich hoffe für Kordula, dass sie es anders macht. In aller Ehrlichkeit wünsche ich ihr einen anderen Mann, als ich es bin. Jetzt, wo ich mir das Wochenende freinehme, habe ich den Eindruck, dass mich keiner mehr möchte. Es ist ja wirklich ironisch. Jetzt haben wir Zeit, Geld, wir haben alles, und ich stehe da und merke, dass dieses Angebot nicht wahrgenommen wird. Ich fühle mich abgelehnt und ungerecht behandelt. Schließlich habe ich das alles für uns aufgebaut und nicht nur ausschließlich für mich.

Dabei habe ich im Grunde, wenn ich mir meinen Freundes- und Kollegenkreis ansehe, noch Glück gehabt. Es sind viele schon geschieden. Elfi war eigentlich sehr fair, sie hat über all die Jahre gearbeitet und sich um alles gekümmert, erst in letzter Zeit sind diese Ressentiments aus ihr herausgebrochen. Sie sieht jetzt ganz klar, dass sie einen unbefriedigenden Weg gegangen ist, aber sie ändert nichts daran. Ich war auch in meiner Firma sehr unglücklich und auch nicht mehr der Jüngste, als ich diese Start-up-Company gegründet habe, aber ich habe es gewagt und voll gewonnen. Was hält sie jetzt zurück? Sie hat noch keine einzige Bewerbung losgeschickt. Mich stört, dass sie so halbherzig ist, dass ihren Wünschen keine Handlungen folgen. Sie adressiert ihren ganzen Unmut an mich, ist aber selber nicht bereit, etwas in die Hand zu nehmen. Sehr lange halte ich es nicht mehr aus, als Buhmann dazustehen.«

Zugeführte Energie wird positiv, abgegebene Energie negativ gerechnet.

»Ich möchte, dass wieder alles so ist wie früher. Nein, Blödsinn. Natürlich hat sie das Bedürfnis aufzubrechen, ich versteh es ja. Dann muss sie aber jetzt auch wirklich damit anfangen. Das geht jetzt schon zwei Jahre so dahin. Sie muss endlich ihr Leben in die Hand nehmen. Ich habe keine Lust, irgendwie ständig im Zentrum ihrer Betrachtungsweise zu sein. Ja, mea culpa, ich habe viele Fehler gemacht, aber das kann man mir auch nicht ewig vorwerfen. Ich war jung und ich stand eben voll hinter meinen Plänen, sie stand wohl weniger dahinter als ich, und deswegen sind ihre Pläne nicht aufgegangen. Ich hasse dieses Image des Verhinderers, das mir da jetzt aufgezwungen wird. Ihr geht es nach wie vor gut, ihr ist es immer gut gegangen. Jetzt muss sie halt mit beiden Händen nach dem greifen, was ihr attraktiv vorkommt.«

Ein Körper verharrt im Zustand der Ruhe oder der gleichförmig geradlinigen Bewegung, solange keine äußeren Kräfte auf ihn wirken.
(Erstes Newton'sches Axiom, Trägheitsprinzip)

»Ich finde, es ist auch für Kordula wichtig, eine zufriedene Mutter zu erleben. Sie hat eine weitaus innigere Beziehung zur Mutter, weil sie viel mehr Zeit miteinander verbracht haben. Aber von daher hat Elfi auch die höhere Verantwortung ihrer Tochter gegenüber. Wenn sie jetzt ein Frauenbild vermittelt, das den Mann anklagt, das ihre ganze Lebensaufgabe nur negativ sieht, dann wird das für den weiteren Lebensweg unserer Tochter sicher nicht zielführend sein. Ich werde sicher Kordula darin unterstützen, etwas aus ihrem Leben zu machen. Mehr Wiedergutmachung ist von mir realistisch nicht zu verlangen. Ich werde alles tun, um meine Frau und Tochter zu unterstützen, aber den ersten Schritt muss sie schon selber machen.«

In einem abgeschlossenen System ist die Summe der Energie konstant, solange die Vorgänge im System reibungslos ablaufen. Energie geht weder verloren noch entsteht sie neu, sie tritt nur in unterschiedlichen Anteilen auf.

Philipp hat – und das ist durchaus ein typischer männlicher Akt in unserer Gesellschaft – die Energie seiner Partnerin zu seinem (scheinbaren) Vorteil umverteilt. Elfi war talentiert und beruflich ehrgeizig; das hat er umgelenkt in größere Häuslichkeit, um sich selber den Rücken freizuhalten für seine eigene Karriere. Aber die Kraft des Gegenübers bleibt in Systemen wie einer Ehe konstant – nur ist diese weibliche Energie jetzt, in Form von Frustration, gegen ihn gerichtet. Und das fühlt sich gar nicht gut an.

Der »Fall Philipp« ist bemerkenswert, weil wir die Konsequenzen einer ungerecht umverteilten Energie hier ganz genau, Schritt für unglückseligen Schritt, beobachten konnten. Indem Philipps Frau Teile seiner Wärmeenergie übernommen hat, kam er restlos aus dem Gleichgewicht und strudelte noch tiefer in die mechanische Energie seines Karrieretrips hinein. Indem Philipp Elfi von der finanziellen Mitverantwortung für die Familie »entlastete«, nahm er ihr den mechanischen Antrieb, und sie sackte noch weiter in Richtung Wärmeenergie ab. Davon ist ihr gemeinsames System krank geworden. Elfi, frustriert und deprimiert, gibt keine Wärme mehr ab, sondern ist zu einem aggressiven Kältegenerator geworden. Philipp hat keine Freude mehr an seiner mechanischen Energie, weil seine Frau und seine Tochter ihn ablehnen und seinen Standort damit in Frage stellen. Beide haben mitgespielt, aber Philipp war der Verursacher und steht damit heute – wie er selber es formuliert – als »Verhinderer« da.

Und noch etwas ist hier interessant. Philipp hat sich durchgesetzt, ja. Aber in Systemen gibt es keine Sieger, genauso wenig, wie in einem Auto die Zündkerze über die Batterie siegen kann. Wenn ein Teil verliert, verliert das Ganze.

Von diesem »Fall Philipp« lassen sich einige illuminierende allgemeine Erkenntnisse ableiten:

Erstes Axiom: Männer sind stolz auf die Leistungen von Frauen.

Das ist deswegen erwähnenswert, weil viele Frauen das einfach nicht glauben wollen. Sie meinen vielmehr, dass sie mit weiblicher Schwäche, Trivialität und Oberflächlichkeit bei Männern punkten. Dass Männer es lieben, von Frauen bewundert und angehimmelt zu werden, und sie es nicht ertragen können, wenn eine Frau überragend gut ist, besonders in einer »männlichen« Sparte. Sie glauben, dass sie sich daher zurücknehmen und ungeschickt verhalten sollen, um nicht den Widerwillen und die Aggression der Männer zu erwecken.

Das unterstellen Frauen den Männern, aber es stimmt einfach nicht. Ganz oft begegneten uns Männer, die regelrecht prahlen über irgendeine hervorragende Leistung ihrer Freundin oder Frau. Zu den weiblichen Spitzenleistungen, die begeisterte Jungen und Männer in unserer Anwesenheit stolz angeführt haben, gehören: Sie kann fantastisch dribbeln; sie hat den Motorradschein; sie kann jedes Computerprogramm bedienen; sie kennt sich mit Militärflugzeugen aus; sie fährt beim Skifahren die schwarze, schwere Piste.

Männer jeder Altersgruppe sind zu solchen Anerkennungsleistungen fähig. Im Park haben wir höchstpersönlich miterlebt, wie 13-jährige Fußballer ein gleichaltriges Mädchen dafür lobten, einen Treffer zwischen die Schulterblätter mit einem hart geschossenen Ball so unempfindlich weggesteckt zu haben – und das Mädchen errötete geschmeichelt, als handle es sich um das schönste aller Komplimente. Es sind oft sogar eher die »männlichen« Sparten, in denen Männer die weibliche Leistung würdigen – weil sie sich dort gut genug auskennen, um Leistungen überhaupt einschätzen zu können, weil diese Sparten ihnen mehr bedeuten und weil sie dann über die gemeinsamen Interessen ein Gefühl der Nähe und Verbundenheit zu dieser Frau entwickeln. Das alles ändert aber nichts am

Zweiten Axiom: Männer sind selbstsüchtig und zielstrebig.

Sie können dann auch sehr beredt und überzeugend sein. Wenn ein Mann Ihnen etwas einreden will, weil es »für uns beide gut« ist, dann ist höchste Vorsicht geboten. Männer leiten gerne von ihrem persönlichen Vorteil das »gemeinsame Beste« ab. Was angeblich »für uns beide« gut ist, ist oftmals nur für ihn gut. Nehmen Sie sich deshalb ganz besonders in Acht vor Sätzen, die wie folgt beginnen:

»Schatz, warum tust du dir das an.«

»Das hast du doch nicht nötig.«

»Du machst dich nur kaputt.«

»Lass es dir lieber gut gehen.«

»Für unsere Ehe/Beziehung/für die Kinder ist es doch viel wichtiger, dass du ...«

Mit ein bisschen Übung können Sie schon am Tonfall und an den Formulierungen erkennen, dass da nicht wirklich Ihr Mann, Ihr Partner oder Ihr Freund zu Ihnen spricht, sondern dass eine egoistische Mechanik sich seiner bemächtigt hat. Nicht er spricht zu Ihnen, sondern seine Charakterschwäche unterhält sich mit Ihrer Charakterschwäche.

Meiden Sie diesbezüglich Vorwürfe wie Selbstvorwürfe. Die haben in der Naturwissenschaft nichts verloren. Männer sind auf mechanische Energie gepolt, Frauen auf Wärmeenergie. Das macht Männer anfällig für absurden Leistungswahn und Frauen für gefühlsexzessive Selbstverleugnung. Diese zwei Tendenzen müssen sich ausgleichen, sie dürfen sich nicht verstärken.

Das Vaterschafts-element

Was als Wärmeenergie an die Umgebung abgeführt wurde, muss als Verlust an mechanischer Energie gewertet werden.

Vielleicht werden Sie sich wundern, warum wir Ihnen in diesem Kapitel ausgerechnet Walter servieren. Walter ist nämlich ein durchaus sympathischer, freundlicher junger Mann. Er ist sozial engagiert und intelligent. Und er hat Erziehungsurlaub genommen, ein ganzes Jahr lang, um seiner Frau den beruflichen Wiedereinstieg zu ermöglichen und um ein wirkliches Näheverhältnis zu seinem Sohn aufzubauen. Allerdings: Seine Version vom Erziehungsurlaub widerspricht dem, was wir hier – in den wenigen Fällen – meist zu lesen bekommen. Zeitungen und Zeitschriften berichten ja hin und wieder von solchen Vätern, und das dabei gezeichnete Bild ist in der Regel rosig.

Walter ermöglicht uns dreierlei.

Erstens ist sein Erlebnisbericht alles andere als rosig. Zweitens würde er es trotzdem wieder tun. Drittens können wir an seinem Beispiel den unehrlichen – und daher letztlich auch unproduktiven – Dialog der Geschlechter zum Thema Kinderversorgung einmal kritisch aufrollen:

Männer und Frauen haben in der Produktion und Aufzucht einer gemeinsamen Nachkommenschaft ein kooperatives Projekt. Um dieses grundsätzliche Unterfangen gruppieren sich sonstige individuelle und gemeinsame Ziele wirtschaftlicher, sozialer, sexueller, psychologischer und emotionaler Art. Auffällig ist, dass die Planung und Diskussion dieser Ziele dem entbehrt, was in der Geschäftswelt längst als essenziell erkannt wurde: der Ehrlichkeit, der Gegenseitigkeit und der Rationalität.

Wenn Sie mit jemandem ein Geschäft machen wollen, müssen Sie Vereinbarungen treffen und sich auf diese verlassen können. Beide Seiten müssen sich etwas davon versprechen und müssen auch zufrieden gestellt werden, soll die geschäftliche Verbindung aufrechterhalten bleiben. Und beide Seiten müssen ihre Ziele und Möglichkeiten intelligent und realistisch einschätzen.

Wie wir im Anschluss an Walters interessanten Bericht diskutieren werden, fehlen dem Mann-Frau-Unternehmen diese wichtigen Prinzipien. Plattitüden nehmen dort den Platz ein, der einer aufrichtigen Diskussion der Fakten gebühren würde. Hoffnungen ersetzen die Planung. Diverse Tricks werden angewandt, um faire Gegenseitigkeit vorzutäuschen.

Walter ist seit sieben Jahren mit Ulrike zusammen, Sohn Rafael ist jetzt fünf. Beide Elternteile sind Sozialarbeiter. Ulrike arbeitet in der Betreuung von Drogenabhängigen, Walter mit Strafentlassenen; daneben betreut er organisatorisch ein Behindertenprojekt. Ulrike nahm das erste Jahr Erziehungsurlaub, Walter das zweite. Er berichtet darüber Folgendes:

»Der Erziehungsurlaub war schrecklich. Ich hatte überhaupt keinen Plan. Und von meiner Persönlichkeitsstruktur her ist es so, wenn ich keinen Plan habe, mach ich erst einmal nichts, dann überlege ich, was mir einfällt, dann mach ich das. Im Job oder im Studium funktioniert das, weil man doch irgendwelche Vorgaben hat, aber mit dem Kind war es schwer, sich zu motivieren. Man wartet auf innere Impulse, aber das Kind ist ein externer Impuls. Baby-Talk lag mir nicht, und ich wollte mir das auch nicht angewöhnen. Vor allem ist mir der Lebensrhythmus abgegangen. Aufstehen, Flasche richten, füttern, wickeln, es wäre gut gewesen, wenn ich einen Rhythmus gehabt hätte, so war das sehr schwierig und sehr fad, und ich fühlte mich auch sehr einsam.

Bei Bekannten und Freunden erlebte ich neidisch, wie gut die mit Kindern umgehen konnten, die machten Spiele, und man merkte, wie das den Kindern gefiel. Aber mein Alltag hat so ausgesehen, dass ich erst einmal möglichst lange geschlafen habe. Dann habe ich das Kind versorgt, und schon war es zehn oder halb elf. Zeit zu überlegen, was es mittags zum Essen gibt. Ich hinunter ins Gemüsegeschäft und keine Ahnung, was ich da kaufen soll. Ich war mein halbes Leben im Internat, insgesamt zehn Jahre lang mit Gymnasium, Zivildienst in einem Heim und zwei Jahren College mit Internat, da ist mir das Essen vorgesetzt worden und es war o.k. Ich war es nicht gewohnt zu entscheiden, was mir wohl heute schmecken könnte. Ich habe für mich selber immer sehr fade Sachen gekocht. Das Kind hatte wenig Appetit, kein Wunder.

Meine Frau hat Raddienste gemacht. Da arbeitet man 24 Stunden und hat dann zwei Tage frei. Das hat natürlich auch dazu beigetragen, dass sich keine Routine einspielte. Es war immer die Frage, wie machen wir es heute. Wenn meine Frau nicht da war, dann habe ich am Abend auch kein warmes Essen gebraucht. Wenn sie Nachtdienst hatte, kam sie in der Früh nach Hause und musste schlafen, ich musste also schauen, dass ich bis dahin mit dem Kind außer Haus war. Mein Freundeskreis von früher, die waren alle kinderlos. Ich ging allein mit dem Kind in den Park. Dort gab es Frauen, aber die wollte ich nicht so gern ansprechen. Ich befürchtete, das könnte nach Aufreißen ausschauen. Es hat dann trotzdem zwei, drei Personen gegeben, mit denen ich geplaudert habe, weil ich sie öfter im Park sah. Das war aber auch immer Zufall, nicht ausgemacht. Und ich war bei einer Mutterrunde, wo ich der einzige Mann war. Das wär noch o.k. gewesen, aber dass der Rafael der Einzige war, der ständig geweint hat, war mir so peinlich, dass ich nicht mehr hingegangen bin.

Die Nächte waren hart, so mit Zähnekriegen und Blähungen und dem Zeugs, daher war ich froh, dass das Kind über Mittag geschlafen hat. Das ist aber der nächste Teufelskreis. Das Kind schläft zu Mittag und du willst selber auch schlafen, aber wenn du das machst, hast du nichts mehr vom Leben. Es sind die einzigen Stunden, wo du irgendetwas ohne Störung machen kannst. Mein Tag reduzierte sich auf Schokolade und Fernsehen. Ich habe immer eine bestimmte Talkshow angesehen, nur einfach, damit ich irgendetwas habe außer diesem Kind. Natürlich hab ich mein Kind gern gehabt, aber irgendwie wollte ich auch etwas anderes erleben. Ich hab total verstanden, warum Frauen ab dem zweiten oder dritten Kind dicker werden, weil Schokolade einfach super ist, du kannst sie sofort essen ohne Zubereitung, und sie puscht dich ziemlich schnell hoch.

Ich habe vergessen zu planen. Ich war so beschäftigt, den Tag zu schaffen, dass ich nicht daran gedacht habe, wen könnte ich noch treffen, was könnte ich sonst noch tun. Es hat Tage gegeben, wo meine Frau zu Hause war und sich um das Kind gekümmert hat, da hätte ich etwas unternehmen können, aber das hätte Vorbereitung erfordert. Nach einem halben Jahr hab ich bemerkt, dass ich überhaupt nichts mehr unternehme. Mir ist das zuerst gar nicht aufgefallen. Ich war immer sehr müde, matschig und depressiv. Dann hab ich gewusst, warum sich die Männer das nicht antun.

Rückblickend gesehen bin ich trotzdem froh, dass ich es gemacht habe. Ich wollte das ausprobieren und jetzt habe ich gesehen, wie die Realität ist. Ich hab ein Verständnis dafür entwickelt, wie es ist, wenn Frauen alleine daheim sitzen. Ich weiß, dass einem die Decke auf den Kopf fallen kann, weil mir ist sie auch auf den Kopf gefallen.

Für das Kind war es sicher gut. Es war auch gut für meine Frau. Die war ziemlich symbiotisch mit dem Kind, sie hat zum Beispiel bis zum Ende ihres Erziehungsurlaubs gestillt. Die Arbeit hat sie dann wieder ein Stück herausgerissen, ihr ein gesünderes Gleichgewicht gegeben.

Mit zwei Jahren ist Rafael dann zur Tagesmutter, und danach ist er in die Kindergruppe gekommen, wo er auch noch heute ist.

Dort kann er zwischen acht und sechzehn Uhr sein. Meine Idealvorstellung war, dass Kinder auch ihre Väter erleben. Ich hab auch wirklich jetzt das Gefühl, meinen Sohn gut zu kennen. Wir können miteinander reden, wir haben ein vertrautes Verhältnis. Ich glaub, dass Vater und Mutter ihm genau gleich nahe sind. Er hat uns beide in beiden Rollen erlebt. Für ihn ist das auch sicher eine denkbare Variante geworden, als Mann dann mit Kindern etwas zu tun. Er ist auch sehr flexibel.

In der Beziehung ist die Frage, wer startet beruflich jetzt durch? Weil dann müsste diese Ausgeglichenheit aufgegeben werden. Wer will viel arbeiten und etwas erreichen? Wenn wir sozial etwas erreichen wollen, muss einer von uns voll reinhauen. Wer macht das jetzt? Ich glaube, meiner Frau wäre es lieber, wenn ich es tun würde, aber ich bin mir nicht sicher, ob ich den Preis dafür zahlen will. Ich hab auch noch andere Interessen. Ich musiziere, ich organisiere Workshops und mache die Behindertenbetreuung und die Familie, das ist viel, und nichts davon möchte ich aufgeben. Ich will meine Tage nicht mit einem »Job« füllen. Meine Interessen will ich dafür nicht aufgeben. – Im Moment verdient sie besser.

Bis jetzt haben wir uns die Arbeit so aufgeteilt, wie es jetzt ist, und wenn es uns nicht mehr passt, müssen wir neu verhandeln. Ist das emanzipiert? Es ist Gleichberechtigung. Es gibt kein Prinzip außer dem Prinzip der Einigung. Wir haben für unsere Ausbildung gelernt, wie man Dinge aushandelt, und das war ganz sinnvoll auch für unsere Beziehung. Das sind einfach Basiselemente für das Zusammenleben, die uns sehr gut getan haben. Sich zu einigen und zu verhandeln. Wie komme ich zu meinen Ressourcen? Das Problem beim Verhandeln ist, dass man zuerst wissen muss, was man braucht. Ich habe früher nicht einmal gewusst, woran ich erkenne, dass ich etwas brauche, und ich denke, das ist ganz typisch. Das Wichtigste ist eine gezielte Selbstwahrnehmung, eine Referenz dafür, was ich in mir will. Und wie schaue ich darauf, dass ich Kraft habe. Und danach braucht man zielorientiertes Denken, wo man gemeinsam Ziele formuliert. Wir können das beide seit den Seminaren beträchtlich besser.«

Walter formulierte endlich mal die Wahrheit: Mit Kindern zu Hause zu bleiben ist anstrengend. Zuerst belastet es dich, dann stumpfst du ab. Viel Zeit mit den Kindern zu verbringen ist toll. Die ganze Zeit mit den Kindern zu verbringen ist gefährlich. Untersuchungen zeigen, dass Hausfrauen *weniger* Zeit pro Tag mit ihren Kindern sprechen und spielen als berufstätige Frauen. Eigentlich klar – sie sind ermattet.

Der Diskurs über Kindererziehung, in Vergangenheit und Gegenwart, ist durch eine Summe von Lügen und gegenseitigen Betrugsversuchen der Geschlechter geprägt:

Männer bis 1800: Nur Frauen können Kinder versorgen, Männer können es nicht. (»Ich will damit nichts zu tun haben.«)

Männer 1800 bis 1960: Muttersein ist die edelste Tätigkeit einer Frau, einer Mutter gebührt Hochachtung. (»Besser sie als ich.«)

Frauen ab 1960: Kinder brauchen ihre Väter

Frauen ab 1980: Männern entgeht etwas Tiefes und Tolles, wenn sie sich nicht an der Kinderversorgung beteiligen. Es wäre unfair, den Männern diese kostbare, schöne Erfahrung vorzuenthalten.

Frauen ab 1990: Viele Probleme der Gesellschaft kommen daher, dass die Väter sich nicht mehr engagieren. (»Warum immer nur ich? Der Typ soll auch mal drankommen.«)

Männer seit 1980: Ein Elternteil sollte für das Kind da sein, das kann durchaus auch der Mann sein! Ich zum Beispiel würde das nur zu gerne machen, doch bedauerlicherweise würde dann das Familieneinkommen zu sehr darunter leiden. (»Ha! Solange Männer die Welt regieren, kriegen Frauen keine gleichen Löhne. Daher wird es in jedem Fall sie sein, die daheim bleibt, und nicht ich.«)

Wie wir aus diesem nachgestellten Kulturdialog unschwer erkennen können, haben Männer im Moment das letzte Wort. Nicht prinzipiell, aber de facto.

Wenn wir uns an die Schilderung Walters erinnern, ist es für beide Seiten besser, in Bezug auf die frühe Kinderversorgung folgende Punkte zu verinnerlichen:

- Die rosarote erbauliche Version des Vaterschaftsurlaubes ist genauso wenig wahr wie die rosarote erbauliche Version des ungetrübten Mutterschaftsglücks.
- Wenn Eltern sich den Erziehungsurlaub teilen, können beide ein zufrieden stellendes Gleichgewicht von Familienrolle und Beruf aufrechterhalten.
- Ehrlichkeit tut dem keinen Abbruch – man kann die Schattenseiten der Erziehungsarbeit offen anerkennen und sie trotzdem in Kauf nehmen, wie man auch sonst im Leben hinnimmt, dass erwünschte Dinge ihren Preis und ihre Belastung haben.
- Frauen werden dann auch einige ihrer eigenen Prämissen und geheimen Pläne aufgeben müssen – zum Beispiel den heimlichen Plan, ihren Mann zum blindwütigen Verdienen abzuordnen.

Schwierige Männer, thermodynamisch erklärt

Energie tritt in verschiedenen Existenzformen auf. Sie kann von einer Form in eine andere umgewandelt werden.

Was tut man mit schreienden Babys? Man versucht sie abzulenken – man rasselt vor ihrer Nase mit einem Schlüsselbund, schneidet Grimassen, bietet ihnen einen Schnuller an, zeigt auf irgendetwas Buntes – alles in der Hoffnung, dass sie zu schreien aufhören und beginnen zu spielen, zu lachen, nach einem Gegenstand zu greifen. Wenn nichts, aber absolut gar nichts hilft, dann setzt man das Kleinkind entnervt in seinen Babywagen, wo es sich wutentbrannt aufbäumt, gegen den Sitzgurt wirft und den Schnuller ausspuckt und weiterschreit, bis es erschöpft einschläft.

Und was tut man mit ruhelosen Schulkindern? Man schickt sie auf den Fußballplatz, damit sie sich dort austoben. Oder, wenn man schon sehr entnervt ist, man setzt sie vor den Fernseher oder verbannt sie in ihr Zimmer.

Das alles sind Versuche, das Verhalten einer anderen Person zu kontrollieren, indem wir ihre Energie umlenken. Was diese Person gerade tut, tun könnte oder zu tun beabsichtigt, gefällt uns nicht. Daher geben wir ihr etwas anderes zu tun oder wir hindern sie gänzlich daran, etwas zu tun.

Ein Gegner oder Rivale kann beispielsweise nur handeln, wenn er/sie über Energie verfügt. Um ihn/sie zu behindern, versuchen wir daher, die gegnerische Energie zu bremsen und umzuwandeln oder den Gegner dazu zu bringen, diese Energie zu vergeuden. Auch Frauen werden von Männern als Rivalinnen ausgeschaltet oder behindert, indem ihre Energie umgewandelt und vergeudet wird. Und daraus wird auch gar kein Geheimnis gemacht: Die überproportionale Verantwortung der Frauen für Haushalt und Kinder verhindert, dass sie im Berufsleben und in der Öffentlichkeit für die Männer zu echten Rivalinnen werden.

Die Energie der Frauen wird zweifach verschleudert, indem sie

- gewisse Arbeiten zu einem überhöhten Anteil zugewiesen bekommen und
- ständig zu unproduktivem, unnötigem Energieverschleiß angehalten werden.

Die erste Methode ist mittlerweile von den Frauen durchschaut worden und sie haben Maßnahmen dagegen eingeleitet. Frauen fordern und erhalten von ihren Partnern mehr Mithilfe, sie bekommen weniger Kinder und sie organisieren ihre Familien effizienter.

Die zweite Methode ist subtiler und daher schwerer zu durchbrechen. Arbeitet die erste Methode mit moralischen und sachlichen Argumenten, versteckt sich die zweite hinter dem Versprechen von Spaß, Lust und Kreativität. Sie gleicht eher der Methode der eingangs beschriebenen Eltern, die dem Kind einen Schlüsselbund, einen Keks oder ein Spielzeug entgegenhalten, um es von seinem eigentlichen Wunsch und Willen abzulenken. Den Frauen werden Schönheit, Spaß, Entspannung, Selbstverwirklichung vorgegaukelt, damit ihre Energie abgelenkt werden kann.

Vieles davon, was unter Luxus, unter gehobener Wohnqualität, unter Schönheitspflege, unter feinem Ambiente läuft, ist in Wirklichkeit nichts anderes als das Bemühen, weibliche Energie von einer Existenzform in eine andere Existenzform umzuwandeln. Statt für eigene produktive Ziele zu arbeiten, die zu einer größeren weiblichen Mitgestaltung der Gesellschaft führen würden, wird die Frau dazu gebracht, ihre Energie anderweitig zu erschöpfen.

Schönheitspflege

Die Modezeitschrift *Mademoiselle*, Ausgabe Januar 2001. Auf dem Titelbild sehen wir eine ziemlich normal wirkende junge Frau mit kinnlangem, glattem braunem Haar, das sie offen trägt. Sie ist nur ganz dezent geschminkt und von der Seite fotografiert. Offenbar hat sie ein rückenfreies Kleid an, denn wir sehen bloße Schultern und ein Stück ihres Rückens. Von der Vorderseite ihres Körpers sehen wir gerade mal einen kleinen Streifen weißen Stoffes.

Auf Seite 110 wird dann, wie in jeder Ausgabe dieses Heftes, das Cover-Model vorgestellt. »Hinter den Szenen« heißt diese Seite, und diesmal geht es um »Clare«, unsere junge Frau von der Titelseite. Neun kleine Fotos illustrieren den Text, der eine alarmierende Überschrift trägt: »Die Wahrheit ist: Sogar ein Titelmädchen wacht nicht in fotografierbarem Zustand auf.«

Wenn die 23-Jährige um 10:20 Uhr das Fotostudio betritt, erfahren wir in der Folge, dann muss noch hart an ihr gearbeitet werden. Ein ganzes Team ist dazu erforderlich. Die neun Fotos dokumentieren ihre Transformation. Um uns das Schreckensbild einer unbearbeiteten Clare zu ersparen, zeigt das erste Foto sie auch nur von hinten, unter den Händen des Friseurs. Sein Auftrag: Sie soll so aussehen, als wäre sie gerade aufgestanden. Beziehungsweise sie soll so aussehen, wie Frauen in einer idealen Fantasiewelt aussehen, wenn sie aus dem Bett krabbeln. Um diesen Eindruck zu erzielen, braucht der Profi 50 Minuten mit Bürste, Kamm und Föhn.

Doch, oh Schreck, die Stylistin hat einen Blick auf Clares Fingernägel geworfen und festgestellt, dass sich diese in einem schlicht untragbaren Zustand befinden. Künstliche Krallen müssen daher aufgeklebt, zurechtgefeilt und lackiert werden. Einfach so, aus Prinzip offenbar, denn ihre Hände bekommen wir nirgendwo zu sehen. Das Titelbild hört oberhalb des Ellenbogens auf und auch auf den neun Schnappschüssen in dieser Geschichte sehen wir Clares Hände nicht.

Jetzt ist der Modedirektor dran. Nach längerem Nachdenken kommen drei Outfits in die engere Wahl. Sie alle werden anprobiert und ihrer Figur angepasst, ehe die endgültige Entscheidung fällt. Eine sehr abstrakte Entscheidung, denn auch das Kleid sehen wir auf keinem Foto. Irgendetwas Weißes hat sie an, mehr kann man nicht erkennen.

Nun wird Clare geschminkt. »Es dauert 45 Minuten, um Clare einen Look der natürlichen Frische zu verleihen.«

Insgesamt drei Stunden hat es somit gedauert, um dieses professionelle Model so herzurichten, dass man sie einer Kamera zumuten kann.

Nun noch die Foto-Session, und dann kommt der »schönste Moment« ihres Arbeitstages – »heimgehen und in der Dusche alles runterwaschen«.

Sich bemalen und verschönern ist ein menschliches Grundbedürfnis. In allen Hochkulturen und in allen primitiven Gesellschaften frönen die Menschen, Männer genauso und mitunter noch mehr als Frauen, diesem Drang. Menschen bemalen sich für die Jagd, um ihre Feinde zu erschrecken, um die Götter zu ehren, um das Objekt ihrer Begierde zu verführen, um ihre Clanzugehörigkeit zu dokumentieren und aus vielen anderen Gründen mehr. Dagegen ist nichts einzuwenden. Aber bei der oben beschriebenen Prozedur geht es um etwas anderes:

Es geht um die andauernd und unermüdlich speziell nur den Frauen präsentierte Suggestion, dass ihr Normalzustand unzumutbar ist. Sogar das frische, junge Gesicht eines 23-jährigen Models muss stundenlang bearbeitet werden, ehe es schön ist.

(Betrachten wir im Vergleich die erfolgreiche Männerzeitschrift *Men's Health:* Dort ist es auch Thema, Fitness- und Pflegeprodukte zu verkaufen. Dort aber sehen wir provokativ ungepflegte männliche Modelle, deren Aussage es ist, dass ein Mann gerade mit unrasiertem Stoppelbart und zerknittertem alten T-Shirt fesch und sexy ist.)

Weiterhin geht es um die Mitteilung, dass eine wirklich effektive Verschönerung unbequem und unangenehm ist. Clare hat nach dem Fototermin nichts anderes im Sinn, als sich das ganze Zeugs schnellstmöglich wieder runterzuwaschen. Und es geht um die verunsichernde Unterstellung, dass Frauen ständig und sehr kritisch begutachtet werden. Haben sie nicht irgendein Detail vergessen? Eine Laufmasche? Einen Fingernagel?

Wenn Clare ihre Fingernägel mit Acrylscheiben beklebt, dann bekommt sie das wenigstens bezahlt. Für uns übrige Frauen empfiehlt sich die Übung, den eigenen Stunden- und Energieverbrauch nachdenklich zu reflektieren, zumal unsere Interviewpartnerinnen sehr oft von Zeit- und Energiever(sch)wendungen erzählten, die ihrem Wunsch und Willen konträr waren und die ihre Lebensqualität verringerten. Sie ließen sich von einem fremden Anspruch leiten, der einen Zuwachs an Lebensqualität versprach, in Wirklichkeit aber ihre Lebensqualität reduzierte – und sie sehr müde machte.

Frauen mit Anhang spüren deutlich, dass sie oft am Kleinkram hängen bleiben beziehungsweise der Kleinkram an ihnen – dass ihr Anhang ihnen den Kleinkram anhängt. Der Mann ist für den Lebensstandard, die Frau für die Lebensqualität zuständig. Dass alle nun schön wohnen, schön angezogen sind, dass die Freizeit sinnvoll verbracht wird, dass die Jahreszeiten und Festtage gebührend gefeiert werden, das ist in den meisten Familien das Aufgabengebiet der Frau.

So weit, so gut. Bei genauerem Hinsehen zeigt sich aber ein interessanter Widerspruch:

1. Das Konzept für Lebensqualität, das die Frau mit viel Mühe für ihren Anhang durchzieht, läuft sehr oft ihren eigenen Vorstellungen zuwider.

2. Der Anhang, für dessen erhöhte Lebensqualität sie dieses Konzept unterstützt, ist daran entweder desinteressiert, verhält sich unkooperativ oder wäre mit einem anderen Konzept glücklicher.

Anhand einiger Grundkategorien sehen wir uns dies nun genauer an.

Wohnstil

Mira ist 33 und seit zwölf Jahren verheiratet. Sie ist zwar berufstätig, halbtags, aber den Lebensstandard gewährleistet ihr Mann, Manager bei einer Autofirma. Er ist erfolgreich und entsprechend repräsentativ – und entsprechend anstrengend – ist die Wohnung. Eine Wohnung, von der Mira zunehmend begreift, dass sie weder ihren eigenen Wünschen noch dem Komfort ihrer Familie entspricht:

»Was die Gestaltung meines Umfeldes anbelangt, da glaube ich, ist mir im Grunde sehr viel entglitten. Wir haben zu Beginn unserer Ehe bescheiden angefangen bei Ikea, aber später, als wir dann mehr Geld hatten, hat Helmut gesagt, jetzt machen wir es richtig schön. Es ist auch wirklich sehr schön geworden, aber relativ formell und steif. In unserem Wohnzimmer steht eine sehr heikle, schneeweiße Ledergarnitur, es gibt einen cremefarbenen Teppichboden, pfirsichfarbene Vorhänge, es ist wirklich alles sehr kühl und hell und übersichtlich, dann haben wir noch einen Couchtisch aus Glas. Das angrenzende Esszimmer hat wieder einen großen Glastisch mit Stahlbeinen und Sessel mit schwarzem Leder bezogen und moderne Kunst an der Wand, das ist der Wohnbereich.

Wenn ich das aufschlagen würde in einer Wohnzeitschrift, würde ich sagen, toll, sehr gestylt, sehr geschmackvoll. Es hat auch damals, als Helmuts Schwester das mit uns ausgesucht hat, sie ist Innendekorateurin, alles sehr gut ausgeschaut und ich habe mich sehr gefreut, als es in der Wohnung stand. Aber mittlerweile stört mich der Stress mit den Kindern, Weiß ist nicht gerade das kinderfreundlichste Umfeld, im Grunde dürften sie nicht ins Wohnzimmer.

Helmut ist ein ziemlicher Ordnungsfanatiker. Wenn er heimkommt und es liegen Zeitschriften verstreut auf der Couch, am Couchtisch oder gar am Fußboden, dann beginnt er, zwar nicht unfreundlich, aber trotzdem wortlos, die Sachen aufzusammeln und zu stapeln, und ich erlebe das als Vorwurf. Irgendwie verliert das Ganze nie seine klinische Sauberkeit. Ich bin dann einmal zu Ikea zurückgefahren und hab bunte Decken gekauft und sie auf die Sofas geworfen und Polster verstreut, damit das Ganze mehr Wohnlichkeit bekommt und Gemütlichkeit, aber mein Mann hat das völlig geschmacklos gefunden. Und ich wundere mich, weil es heißt immer, dass Männern so etwas nicht auffällt. Also meinem fällt das sehr auf, und er hat da sehr genaue Vorstellungen. Und ich glaube, das ist sehr symbolisch, er hat auch in seinem Wesen etwas Strenges, sehr Rigides, und das drückt sich eben auch aus in der Art und Weise, wie er lebt oder wie wir in dem Fall leben.

Ich würde den Wohnbereich komplett anders haben, ich hätte einen Holzboden, wo Flecken und Tintenpatzer keine Rolle spielen. Ich bin ja schon eine Spezialistin geworden im Tinteentfernen, weil ständig etwas passiert, vor allem mit den Schulsachen der Kinder, wenn sie am Boden liegen und schreiben. Er wundert sich immer, wie Tintenflecke auf den Fußboden kommen. ›Fallen euch die Sachen ständig aus der Hand?‹, fragt er dann ganz erstaunt. Wenn er wüsste, dass die Kinder am Bauch liegend ihre Aufgaben machen, wäre er völlig entgeistert. Aber ich finde, solange sie ihre Schulsachen machen, können sie von mir aus Kopf stehen dabei, das ist doch egal.

Also wie gesagt, ich hätte einen Holzboden, ich hätte alles sehr pflegeleicht, sehr einfach. Ich hätte Plüschsofas dastehen, ganz gemütliche, altmodische Plüschsofas, ich hätte gerne einen Ohrensessel und warme Beleuchtung, nicht diese Designerlampen, sondern ganz altmodische Stehlampen mit Seidenschirm. Dann würde ich den Fernseher aus dem Wohnzimmer entfernen, weil ich finde, er ist eh nur eine Irritation und eine ständige Aufforderung für die Kinder, fernzusehen. Im Esszimmer hätte ich ganz bestimmt keinen Glastisch, das ist sehr kalt, ich lege untertags immer ein großes, geblümtes Tischtuch darüber, aber es hilft wenig. Wenn man die Arme darauf lehnt, spürt man immer noch die Kälte durch.

Ich hätte einen großen Holztisch und bequeme Holzsessel rundherum, wo die Kinder darauf knien können. Statt der modernen Kunst, diesen monotonen, langweiligen, für mich heute schon fast bedrückenden, einfarbig roten oder schwarzen Bildern, würde ich Zeichnungen der Kinder rahmen oder auch Drucke von Ausstellungen, die mir gefallen. Kinderzeichnungen haben wir schon welche eingerahmt, aber die dürfen nur in der Küche hängen. Nicht dass Helmut sich dezidiert dagegenstellt, aber es würde ja wirklich nicht dazu passen, so wie das Ganze jetzt ausschaut. Es hat ein Styling, ein echtes Konzept, und da kann ich nicht wirklich eingreifen.

Das Badezimmer wäre mir lieber nicht in Marmor, sondern ich hätte ganz gewöhnliche Fliesen, weil Marmor ist wahnsinnig heikel. Und eine Badewanne, die auf Beinen steht, so eine Uroma-Badewanne, wir haben so eine eher kühle Architektenlösung, eine Badewanne, eingelassen in Marmor, es ist alles schwarz-weiß, schaut sehr nach Grandhotel aus, war nicht so teuer, aber trotzdem hat das Ganze einen Hotelanstrich. Die Kosmetiksachen, Waschsachen verschwinden alle in Blenden hinter dem Spiegel, im Grunde wirkt das Bad, wenn es aufgeräumt ist, so, als ob niemand hier wohnen würde. Bis auf die Zahnbürsten, die man von außen angesteckt sieht.

Das Schlafzimmer hat einen Futon, das hat uns am Anfang ganz gut gefallen, weil wir gedacht haben, in Bodennähe zu schlafen, das ist angenehm. Allerdings, im Grunde ist dieser Futonaufsatz auch sehr kühl, nichts Kuscheliges, es ist eine Fläche, wo ich mich irgendwie auch sehr ausgesetzt fühle, ich hätte lieber ein richtiges Bett in die Ecke geschoben, mit großen Polstern, mit einem bunten Überwurf. Also in meinem Schlafzimmer stelle ich mir vor, dass es ruhig ein bisschen in Richtung Laura Ashley, blumig zugehen könnte. Ich hätte auch gerne eine Schminkkommode, das habe ich als Teenager gehabt, und das hat mir unheimlich viel Spaß gemacht, mich da zu betrachten und zu schminken. In unserem Bad hab ich keine große Lust dazu, und meistens mache ich es einfach nur mit einem kleinen Handspiegel im Schlafzimmer. Aber ein Schminktisch würde auch wiederum nicht in dieses Gesamtkonzept passen. Weil das Schlafzimmer soll eher so japanisch und klar wirken.

Unsere Wohnung wird sehr bewundert, sie ist sehr modern, zeitgenössisch, aber es ist nicht eine wirkliche Familienwohnung. Die Kinderzimmer sind die einzigen Zimmer, die im Grunde so sind, dass man sich gern in ein Eck kuschelt, ich hab sie tapeziert, sehr fröhlich, hellblau-weiß-gestreift, und eine Wand mit bunten Margeriten. Die Kinder haben sich die Tapeten mit mir ausgesucht, wir waren auch Vorhänge aussuchen, also irgendwie schauen die Kinderzimmer so aus, als ob sie gar nicht zum Rest der Wohnung gehören würden, und wenn die Mädchen in der Schule sind, setze ich mich oft ins Zimmer der Ältesten und lese dort oder schreibe an ihrem Schreibtisch, es ist wirklich das Gemütlichste, was man sich vorstellen kann. Und ich denke mir, die Kinder leben im Grunde in ihrem Bereich so, wie ich es, wenn ich alleine wäre, nur mit ihnen, auf die ganze Wohnung ausdehnen würde.«

Mira vergeudet doppelte Energie, was Wohnstil anbelangt: Erstens kostet es sie Mühe, das familienunfreundliche Inventar zu pflegen und den kahlen, aufgeräumten Zustand zu halten, der zum gegenwärtigen Stil der Wohnung passt und von Helmut gewünscht wird. Zweitens investiert sie erstaunlich viel Energie in ihr Alternativkonzept. Sie kann ihren präferierten Stil genau beschreiben, bis ins kleine Detail der altmodischen Badewanne und des Ohrensessels und der Art der Lampenbezüge – darüber hat sie nachgedacht. Manchmal versucht sie Elemente ihres Gegenkonzepts einzuschmuggeln oder Teile ihrer eigenen Vorstellungen heimlich auszuleben, wenn sie alleine oder nur mit den Kindern zu Hause ist. Dann dürfen bäuchlings am Fußboden liegend die Hausaufgaben gemacht werden, darf sich Mira im Kinderzimmer geborgen fühlen.

Eine besondere Art der Geselligkeit

Erika ist Dolmetscherin, verheiratet mit einem Geschäftsmann. Der Freundeskreis, den sie von ihrem Mann übernommen hat, besteht aus acht Ehepaaren, die sich in wechselnder Zusammensetzung zum Abendessen treffen. Alle sind Weinkenner und Feinschmecker. Sich gegenseitig an raffinierten Menüs zu überbieten, betrachten sie als ihr verbindendes Hobby.

Wenn sie an der Reihe sind, geht Erika schon am Tag vorher auf den Markt, um die Bestandteile für das Gourmetrezept zu besorgen. Asiatische Küche oder italienische Rezepte gelten als besonders passend. Bevor sie zur Arbeit geht, deckt sie bereits den Tisch sehr aufwendig, ihr Mann will dann sein gutes Porzellan verwendet sehen, obwohl es leider nicht in die Spülmaschine kann.

Seit der BSE-Krise ist Rindfleisch verpönt, und Huhn gilt als ein bisschen einfallslos. Die einen essen kein Lamm und die anderen kein Schwein, daher muss es meist ein Shrimps- oder Fischgericht werden – leider, denn die müssen ganz frisch zubereitet werden, und so ist Erika vor dem Essen in der Küche statt bei den Gästen. In der Zwischenzeit trinken die Herren einen Kognak und die Frauen einen anderen Aperitif, und alle sind wahnsinnig toll angezogen. Zwischen den Gängen muss immer ein wenig gewartet werden, das ist zivilisierter. In dieser Zeit unterhält man sich über die Qualität des Essens, die jeweilige Köchin wird gelobt und es werden andere denkwürdige Abendessen besprochen, zu denen man geladen war, oder tolle Hotelküchen ausführlich verglichen. Erika sagt, dass sie manchmal schon nach der Hälfte solcher Abende, die ohne weiteres fünf bis sechs Stunden dauern können, so erschöpft ist, dass sie selber kaum mehr weiteressen kann.

Die Arbeitsteilung ist klassisch: Der Herr ist zuständig für die Getränke, und die Weine steigern sich während des Menüs in Qualität und Jahrgang – auch das wird ausführlich gewürdigt und besprochen. Erika trinkt keinen Wein, aber sie hat in der Küche meist eine kleine Wodkaflasche stehen und nippt daran.

Sie selbst ist ambivalent: Einerseits findet sie es toll, diese Essen zu geben, weil alles so elegant aussieht und sie auch bewundert wird, andererseits ist sie mitunter am Rande ihrer Nervenkraft und hat selber wenig von dem Abend. Manchmal hat sie zu diesen Anlässen die Vision einer offenen Wohnküche, wo alle um den Herd herumstehen und irgendetwas brutzelt im Wok.

Erika meint, dass sie selber nie auf die Idee käme, solche Inszenierungen zu veranstalten, es wäre vielleicht doch eher eine Männersache, weil die gerne repräsentieren, ihre großartigen Weine trinken, und dann wird es auch ein bisschen machohaft: Gegen Ende des Abends werden die ganz tollen Zigarren herausgeholt und das Vergleichen und Prüfen geht von vorne los. Und sie beobachtet, dass die Frauen dann meistens schon halb ohnmächtig sind.

Erika meint aber auch, dass diese Abendessen eine der wesentlichsten Gemeinsamkeiten zwischen ihrem Mann und ihr sind. Es ist zwar vor allem seine Vorstellung von Geselligkeit, von Großzügigkeit, von Freundschaft, es ist aber auch für sie eine Art Hobby, und auf Urlaubsreisen nimmt sie interessante neue Gewürze von überall her mit nach Hause. Es könnte eventuell Spaß machen, wenn das nicht jedes Mal eine solche Inszenierung sein müsste.

Mira und Erika haben eine Gemeinsamkeit: Sie beide haben finanziell und sozial »hinaufgeheiratet«, und beide sind sich dieser

Tatsache sehr bewusst beziehungsweise werden von ihren Männern auch oft daran erinnert. Beide sind bereit, sich im Wohnstil und in der Bewirtung von Freunden den Vorstellungen ihrer Männer anzupassen und dafür auch viel Arbeit zu leisten.

Freizeitorganisation

Gehen Sie am Sonntag dorthin, wo man in Ihrem Umkreis als »gute Mittelschichtperson« hingeht – in den Englischen Garten, den botanischen Garten, die Fußgängerzone, die Praterallee. Was sehen Sie dort? Viele Familien, die Kinder etwas schöner angezogen als sonst, ihr Gesichtsausdruck bockig. Sehen Sie sich die Leute an. Wirken diese Personen entspannt, schreiten sie glücklich einher, plaudern sie angeregt miteinander? Haben Sie den Eindruck, dass diese Menschen überhaupt freien Willens hier sind?

Wenn nicht: Wessen Idee war es denn wohl, »einen kleinen Familienspaziergang« zu machen? Die Idee der Kinder wahrscheinlich nicht, wenn wir von ihrer trotzigen Miene ausgehen dürfen. War es Papas Idee? Vielleicht – oder Papas Vorstellung davon, was eine Familie am Sonntag zu tun hat. Nein, ziemlich sicher war es die Mutter, die den Befehl gab mit einer scheinfröhlichen Stimme. Die Mutter, die alle in ihre Schuhe und ihre Jacken hineinkriegte. Die Mutter, die sich nun genauso langweilt wie die anderen, die aber den gutbürgerlichen Schein eines gutbürgerlichen Spazierganges wahrt.

Die Kinder würden lieber ihre Freunde treffen. Papa würde lieber schlafen oder fernsehen. Sie selber würde lieber eine Zeitschrift lesen. Stattdessen stiefeln sie alle über den Asphalt oder den leicht schlammigen Parkweg.

»Mein Mann will, dass die Kinder am Sonntag zu Hause sind«, erzählte uns mehr als nur eine Frau. »Er sagt, sonst hat er nichts von seiner Familie. Was ja stimmt, weil er unter der Woche sehr spät heimkommt. Die Kinder murren, weil sie lieber zu ihren Freunden gehen wollen. Dann ist er beleidigt. Ich bin in der Mitte. Ich muss dann den Kindern erklären, warum der Papa das will, und dem Leo, warum die Kinder etwas anderes wollen. So. Dann sind wir alle zu Hause, wie gewünscht, und Leo sagt, er muss nur ganz schnell für einen Klienten einen Brief schreiben. Das macht er am Computer, somit können die Kinder nicht an den Computer ran. Sie maulen, sie motzen, und schließlich sage ich Leo, dass ich mit ihnen in den Park gehe. Dann sagt er: ›O.k., aber nur für eine Stunde. Es ist Sonntag, und ich will die Kinder sehen.‹ Und schon sitzt er wieder an seinem Brief.«

Beziehungsarbeit

Bei diesem Thema wollen wir nicht lange verweilen. Der wortkarge Mann, der seine Gefühle nicht zeigt, die Frau, die ihn aus der Reserve locken und über die Beziehung reden will, das kennen wir alle mittlerweile zur Genüge aus zahllosen Büchern, Ratgebern und Diskussionen. Und viele kennen es aus dem eigenen Leben. Hier müssen keine weiteren Daten mehr erhoben werden. Wir kommen deshalb auf kürzestem Wege gleich zum relevanten physikalischen Prinzip, und das lautet:

> **Wärme oder Wärmeenergie heißt die Energie, die von einem Körper höherer Temperatur zu einem Körper niedrigerer Temperatur fließt.**

Der wortkarge Mann, der nur spärlich seine Gefühle zeigt, der nur ganz selten einen Einblick in sein Innenleben gestattet, erscheint – sobald wir ihn thermodynamisch betrachten – in einem neuen Licht. Müssten Männer ihren Leitbegriff in einem einzigen Wort zusammenfassen, dieses Wort wäre heute der Begriff *cool.* Wie wenig sich – thermodynamisch oder sagen wir auch gleich thermostrategisch gesehen – in der Relation zwischen den Geschlechtern geändert hat, können wir von diesem kleinen Wort ablesen. Cool – das ist es, was jeder junge Mann sein möchte. Und jeder etwas weniger junge Mann auch, nur fassen die es dann lieber in altersgerechtere Begriffe wie »souverän«. Cool bedeutet kühl, und kühl ist thermodynamisch interpretiert ein aggressiver Zustand. Wo warm und kalt zusammenkommen, gibt warm immer und unbedingt Wärme ab an kalt. Niemals gibt kalt Kälte ab, um noch kälter zu werden.

»Mühsam.« »Aufreibend.« Wenn Frauen ihre Bemühungen für die »Lebensqualität« der Familie mit solchen Worten beschreiben, dann stellen sie damit unbewusst bereits den Zusammenhang zum Begriff der Energie her. Und sie sprechen sogar ein paar verfeinerte Prinzipien der Energieumwandlung an. Etwa diesen:

Reibungsenergie wird an die Umgebung abgeführt und muss als Verlust an mechanischer Energie gewertet werden.

Wenn Frauen etwas als »aufreibend« beschreiben, dann meinen sie damit genau die Kraftlosigkeit, die entsteht, wenn man seine Bemühungen gegen ständigen Widerstand durchführen muss. »Mach die Hausaufgaben.« »Nein, jetzt nicht, später.« Wo wir aus Frauenmund den entnervten Satz hören »Wie oft muss ich dir noch sagen, dass du ...«, dort wehrt sich jemand vergeblich gegen den unwiederbringlichen Verlust mechanischer Energie.

Warum Frauen mitspielen

Diese Frage drängt sich auf und ist zentral.

Jahrzehntelang haben Frauen sich schon mit der Frage beschäftigt, warum sie sich in ihren Beziehungen anders verhalten als Männer, warum sie zu sehr lieben, sich zu sehr hineinsteigern, zu viel über das Thema nachdenken usw. usf. Bücher, Selbsterfahrungsgruppen, Therapiestunden – und noch immer ist das Thema nicht vom Tisch. Warum nur?

Weil das Verhalten der Frauen eine thermodynamische Ursache hat, gekoppelt mit einer sozialen Ursache: Das Abgeben von Wärme setzt Energie frei. Deswegen fühlt es sich ja auch so gut an, und deswegen werden Frauen immer wieder dazu verführt, emotionale Situationen zu suchen, Situationen, in denen sie lieben können.

Aber Vorsicht, denn nun kommt der Haken:

Die Umwandlung von Wärmeenergie in mechanische Energie funktioniert nur bei Vorhandensein einer Kühlung, die die Abgabe von Wärmeenergie ermöglicht.*

Hier haben wir die Lösung für ein Rätsel, das Frauen und PsychologInnen buchstäblich über Jahrzehnte gefesselt hat. Warum bleiben Frauen bei Männern, die nicht im selben Maße beziehungsfähig sind wie sie selber? Weil man ein kühleres Gegenüber braucht, um Wärme abgeben und Energie freisetzen zu können.

Dieses »kühlere Gegenüber« sollte aber im Idealfall *nicht* ein Mann sein, und schon gar nicht derjenige, mit dem man zusammenlebt. Die vorhandene Kühlung sollte besser ein Bedarf, ein Mangel sein, den man mit sinnvollem Einsatz ausgleichen

* Aus: Gerd Boysen u.a.: *Physik für Gymnasien. Länderausgabe A. Gesamtband,* Berlin: Cornelsen (im Folgenden zitiert mit *Physik für Gymnasien*)

kann. Darin liegt zum Beispiel die Attraktion der »helfenden Berufe« – dort haben wir es mit »kühleren Gegenübern« zu tun, denen wir uns infolge unserer größeren Kraft und Wärme zuwenden können, um mit der resultierenden Energie eine sinnvolle Verbesserung herbeizuführen.

Diese Gegenüber sind meist nicht in der Lage, Wärme an uns abzugeben – die Beziehung der Fürsorglichkeit ist einseitig, wenn wir es mit hungernden Flüchtlingen, schwerbehinderten Kindern oder Drogenabhängigen zu tun haben. »Es ist anstrengend, aber ich beziehe auch viel Kraft aus meiner Arbeit«, sagen Leute, die für solche Personengruppen arbeiten, und wundern sich selber über ihre paradoxe Empfindung. Die Empfindung ist aber gar nicht paradox, sondern thermodynamisch eindeutig erklärbar. Weil sie für ihre Schützlinge Fürsorglichkeit empfinden, wird in ihnen Energie freigesetzt.

Wenn Frauen keine entsprechende sinnvolle Aufgabe ausüben können oder dürfen, müssen sie sich ein anderes »kühles« Objekt suchen. Das kann dann ein schwieriger, emotional gestörter Mann sein, zumindest aber ein Mann, der seine Gefühle nicht zeigt, echte Bindung verweigert und Kälte ausstrahlt. An ihn kann die Frau ihre Wärme abgeben, und mit der freigesetzten Energie kann sie dann Tortenböden halbieren und mit selbst geschnitzten Kartoffelstempeln die Küchengardinen bedrucken. Sie setzt ihre Energie in einem geschlossenen System frei, an einem ungeeigneten Kälteträger. So kann man nicht glücklich werden, thermodynamisch gesehen.

Der Mann als sich selbst überlassener Körper und andere Beziehungsfehler von Frauen

Alle Körper ziehen sich gegenseitig an.*

Manche unserer Interviewpartnerinnen hatten endlich den Richtigen gefunden – nur hatte ihn leider zuvor auch schon eine andere Frau gefunden und er war mit dieser Frau verheiratet.

Manche unserer verheirateten Interviewpartnerinnen entdeckten, oftmals zu denkbar ungünstigen Zeitpunkten – zum Beispiel während einer Schwangerschaft oder einer Chemotherapiebehandlung –, dass ihr Ehemann eine Geliebte hatte. An diesen Frauen gab es nichts Auffälliges. Die Geliebten schienen nicht besonders raffiniert, skrupellos oder berechnend, auch nicht besonders toll und unwiderstehlich zu sein. Die betroffenen Ehefrauen hingegen waren durchgängig attraktiv, sympathisch und intelligent – wir hatten nicht den Eindruck, dass man als Mann dringend vor ihnen hätte flüchten müssen.

Daher waren wir sehr neugierig auf die männliche Perspektive in diesen Dramen. Welcher Mann war so viel Aufregung, so viel Kränkung, so viele ungeduldig gewartete Stunden, so viel Sehnsucht, so viel Verzeihen, so viel Kummer und Schmerz wert? Wie organisierten diese Männer überhaupt ihr Doppelleben, und wie rechtfertigten sie den halb wütenden, halb verzweifelten Schwe-

---

* Aus: *Physik für Gymnasien*

bezustand, in den sie nicht nur eine, sondern gleich zwei Frauen versetzten?

Sehen wir uns dazu Fritz an – Typ selbstbewusster Liebhaber. Er sieht zehn Jahre älter aus, als er mit seinen 43 Jahren tatsächlich ist. Er trägt ein Goldkettchen, eine zu breit gestreifte grelle Krawatte, einen teuren Anzug und genagelte Schuhe. Statussymbole sind ihm wichtig, das sieht man sofort. Sein Feuerzeug ist aus Gold, das Haus hat eine Alarmanlage mit Kameras, Nippes überall. Wir treffen ihn zu Hause, denn seine Frau ist auf Kur und somit hat er sturmfreie Bude.

Fritz besitzt eine Installationsfirma, die er vom Schwiegervater übernommen und erfolgreich ausgebaut hat. Er ist seit 20 Jahren verheiratet mit Erika. Sie haben zwei Töchter, 19 und 16 Jahre alt. Fritz spricht:

»Erika und ich haben uns in der Handelsschule kennen gelernt, wir sind nebeneinander in der Schulbank gesessen. Es war eine Art Jugendliebe, im Grunde war schon ziemlich schnell klar, dass wir zusammengehören, es war eine sehr romantische Sache. Ich habe damals nicht viel nachgedacht. Gleich nach der Schule habe ich die Chance bekommen, im Betrieb ihres Vaters mitzuarbeiten – er kannte mich durch Erika. Ich war ein strebsamer junger Mann und meinem künftigen Schwiegervater einfach sympathisch. In Wirklichkeit haben alle von Anfang an mit unserer Ehe gerechnet. Auch ich wollte sehr gerne heiraten, ich habe nie ein richtiges Zuhause gehabt, und hier bekam ich alles auf einen Schlag, Frau, Eltern, Arbeitsplatz. Sobald klar war, dass es zwischen Erika und mir ernst ist, hat er mich in der Firma aufgenommen. Erika war auch dort, in der Buchhaltung.

Allerdings waren wir sehr jung und ich habe sehr bald gespürt, dass mir diese Nähe zu viel wird, dass ich mein eigenes Leben führen muss. Es ist schnellstens alles zur Routine geworden. Als unsere beiden Mädchen auf die Welt kamen, waren wir beide noch in den 20ern. Ich habe mich richtig eingekreist gefühlt.

Erika war natürlich sehr überlastet mit den kleinen Kindern. Meine emotionale Beziehung zu ihr lief fast nur noch über die Kinder.

Ich hatte dann meine erste Freundin, heimlich natürlich. Erika hat schon etwas geahnt, aber sie wollte es nicht wirklich wissen, glaube ich.«

Vielleicht wollte sie es »nicht wirklich wissen«, weil sie zu wenig Kraft zum Intervenieren hatte:

> **Um den Bewegungszustand eines Körpers zu ändern, ist eine Kraft erforderlich. Wenn keine Kraft auf den Körper wirkt, kann sich sein Bewegungszustand nicht ändern.***

»Meine Liebschaften haben relativ oft gewechselt, ich wollte ja auch nichts Ernstes, ich wollte meine Familie nicht gefährden. Ich habe das Abenteuer gesucht, etwas Aufregendes, sicher auch den tollen Sex, den es zu Hause nicht mehr gegeben hat.

Erika und ich haben zunächst viel gestritten, dann sind wir in so ein Schema von Streit und Versöhnung hineingeraten. Wenn ich heute daran denke, ging es mir damals am stärksten darum, der Routine und der Langeweile zu entkommen. Ich habe mich zu jung gefühlt, um schon so eingespannt zu sein, auch im Betrieb des Schwiegervaters, wobei ich dort ziemlich schnell Fuß gefasst habe. Ich nahm dort wichtige technische Innovationen vor. Wir zählen jetzt zu den Marktführern in den Klein- und Mittelbetrieben – durch mich.

Als die Kinder ins Gymnasium kamen, hat Erika dann die Entscheidung getroffen, aus der Firma auszusteigen. Mir war das damals gar nicht so unrecht, teils, weil ich mir gedacht habe, dass zu Hause alles besser läuft, wenn sie sich voll darum kümmert.

---

*Aus: *Physik für Gymnasien*

Aber wenn ich ehrlich bin, im Hintergrund war natürlich auch der Gedanke, dass ich mich dann freier bewegen kann. Sie war ja immer da, hat immer alles kontrolliert, sah jeden, der reinkam, nahm alle Telefonate entgegen, sie hatte alles im Griff.

Von außen sah es ja vielleicht ganz ideal aus, so perfekt im Betrieb nebeneinander zu arbeiten und den Familienbetrieb zu führen, aber das war im Grunde nur der Schein. Erika war schon längst nicht mehr auf meinem Niveau, sie hat sich einfach nicht weiterentwickelt, ist stecken geblieben und hat sich dann im Wesentlichen auf die Kindererziehung konzentriert.

Wobei ich aber das Gefühl habe, dass unsere beiden Töchter ihr das nicht unbedingt danken. Sie waren immer sehr kritisch ihrer Mutter gegenüber und waren sich auch immer einig, dass ihre Mutter zu viel Druck und Kontrolle ausübt. Ich habe zwar nie wirklich viel Zeit mit den Mädchen verbracht, aber ich hatte oft den Eindruck, dass es gerade dadurch ein tieferes Verständnis zwischen uns gab. Weil ich ihnen mehr Freiheit zugestanden habe. Klar, nur deshalb, weil ich mich viel weniger um sie gekümmert habe. Dadurch aber habe ich den Kindern das Gefühl gegeben, dass ich auf ihrer Seite bin, dass ich sie ernst nehme, während Erika sie viel zu sehr als Kinder behandelt hat, als Abhängige.

Auch ich fühlte mich abhängig in dieser Familie, weil ich mit nichts in die Firma gekommen bin. Ich glaube, zwischen uns hat es am Anfang ein ziemliches Machtungleichgewicht gegeben. Erika war natürlich die Stärkere, sie war dort zu Hause, war die einzige Tochter, es war das Geld ihrer Eltern, und ihr Vater hat mir zum Start ins Leben verholfen. Irgendwie musste ich mich wehren und mich auf eigene Füße stellen, um mir selber zu bestätigen, dass ich ein eigenständiger Mensch bin, dass ich nicht zu kaufen bin und auch selber unabhängig meine Gefühle leben kann. Vielleicht hatten meine Affären damit zu tun. Das klingt alles sehr nach Rechtfertigung, aber ich bin ein sehr emotionaler Mensch, der seine Sehnsüchte entwickelt. Erika war auf der konventionellen Ebene, es musste alles funktionieren, es musste alles gut aussehen. Dagegen ist nichts einzuwenden, aber ich hatte immer das Gefühl, alle denken, ich spiele die zweite Geige, und sie und ihre Familie haben mich völlig im Griff.

Vor zwei Jahren habe ich Barbara kennen gelernt, durch Zufall. Unsere alte Steuerberatungskanzlei machte zu und ich musste mich um eine neue umsehen. Im Ort gab es ein ganz junges Unternehmen, und Barbara hat es geleitet. Ich war einer ihrer ersten Kunden, sie war ganz neu im Geschäft. Ich war total beeindruckt von dieser Frau, sie ist kokett, durchschlagskräftig, sehr ehrgeizig, sie ist der Prototyp einer jungen, erfolgreichen Karrierefrau. Sie ist sehr jung, erst 28, hat ihre unabhängige Steuerprüfung, hat sich alles selber erarbeitet, man muss wirklich Respekt haben vor ihr. Als wir zusammen unseren ersten Jahresabschluss gemacht hatten, nach drei Monaten, habe ich sie zum Essen eingeladen. Ich war überrascht, dass sie ja gesagt hat. Bei diesem Essen ist, glaub ich, auch sofort der Funke auf sie rübergesprungen. Es ist an diesem Abend zwischen uns gleich alles passiert, was nur passieren kann, und ich hab gewusst, diesmal ist es keine kleine Liebschaft, sondern etwas Besonderes und Außergewöhnliches. Das war vor zwei Jahren, wir haben kürzlich ihren 30. Geburtstag gefeiert. Es hat sich in dieser Zeit total viel geändert, und ich bin sehr hin und her gerissen.

Meine Frau hat schnell bemerkt, dass was los ist und dass es anders ist als bei den vorherigen Freundinnen. Ich trat die Flucht nach vorne an und sagte, ja, ich habe ein Verhältnis, ich kann es nicht ändern, ich liebe diese Frau und ich muss mit ihr ganz viel Zeit verbringen, ich will mich aber nicht scheiden lassen, sondern ich will, dass es mit meiner Familie ganz normal weiterläuft. Aber ich brauche Raum und Zeit für Barbara.

Meine Frau hat ganz schlecht reagiert, sie hat sich so aufgeführt, dass es auch die Kinder mitbekommen haben, die sind ja auch schon halb erwachsen. Meine jüngere Tochter hat gesagt: ›Papa, das geht so nicht, du musst dich für die Mama oder für die andere entscheiden, wir stehen das so nicht durch.‹ Wobei ich wirklich nicht sehe, was da nicht durchzustehen sein soll. Es ist nichts anders als früher, außer dass ich ein bisschen öfter weg bin, aber auch das sollten sie schon von früher gewöhnt sein.

Meine Frau vergleicht sich, glaub ich, jetzt permanent mit Barbara, sie weiß ja, wer ihre Rivalin ist. Sie hat das Gefühl, dass sie ganz schlecht dasteht und dass Barbara die viel besseren Karten hat, weil sie eine unabhängige, selbstständige Person ist. Ich muss auch zugeben, das ist wirklich genau der Punkt, der mich am allermeisten reizt an dieser Frau. Dass sie diese Kraft hat, Dinge in die Hand zu nehmen, dass sie so unheimlich tüchtig und gescheit ist. Natürlich sieht sie fabelhaft aus, sie hat eine unheimliche Ausstrahlung, und ich weiß erst jetzt, was der Begriff sexy bedeutet.

Meine anderen Freundinnen waren im Vergleich dazu nur kleine Liebschaften. Wir sind ins Hotel gegangen, wir sind essen gegangen, wir sind nie verreist, ich wollte nie zu viel riskieren. Mit Barbara ist das anders, ich stehe voll zu ihr. Ich bin sogar mal für acht Tage mit ihr weggefahren. An und für sich war es eine Messe, ich habe zu Hause gesagt, dass ich auf einer Messe bin, aber wir haben dann noch fünf Tage Urlaub angehängt. Blöd, wie die Dinge laufen, war es gerade besonders warm, obwohl erst Frühjahr war, und ich bin unheimlich braun gebrannt von dieser Messe zurückgekommen. Ich selber hab es gar nicht bemerkt, aber meiner Frau ist es sofort aufgefallen, und sie meinte, es reicht ihr jetzt und sie will eine Entscheidung haben.

Das Komische war, als sie das sagte und es wirklich hart auf hart ging, hab ich gespürt, dass ich das auch wiederum nicht haben wollte. Ich wollte mich nicht von meiner Frau trennen. Meine Familie ist eben doch ein Ort, wo ich Wurzeln geschlagen habe. Meine Töchter sind zwar schon bald außer Haus, aber ich habe das Gefühl, dass sie nicht mehr so wie früher auf meiner Seite stehen. Wenn ich mich für ein Leben mit Barbara entscheide, habe ich im Grunde meine Kinder verloren, obwohl ich bis jetzt mit ihnen ein gutes Verhältnis gehabt habe. Von der anderen Seite macht auch Barbara unheimlichen Druck auf mich, die Sache hat eine hohe Dynamik.

Seit Herbst, also seit ich meiner Frau die Beziehung offen gelegt habe, erhebt auch Barbara gewisse Ansprüche. Was ich auch verstehen kann, sie ist eine junge Frau mit 30 Jahren, kann noch eine Familie haben, während das für mich schon abgehakt ist. Kinder hab ich schon, eine Ehe brauche ich in dieser Form nicht mehr, für mich ist es gerade ideal, so, wie es jetzt läuft. Ich möchte da gar nichts ändern. Wir haben eine fantastische Zeit miteinander, aber es hat ziemlich wenig mit Alltag zu tun. Wenn ich Barbara heiraten würde, wäre ich vielleicht schnell am selben Punkt wie in meiner Ehe. Das will ich eigentlich nicht.«

Wirken auf einen Körper zwei entgegengesetzt gerichtete Kräfte und befindet er sich im Kräftegleichgewicht, so sind die Kräfte gleich groß; man sagt, sie haben den gleichen Betrag.*

»Ich sitze jetzt im Niemandsland. Nicht beheimatet in meiner Ehe und nicht beheimatet in der Beziehung. Beide Frauen sind wütend auf mich, und ich habe das Gefühl, dass ich irgendetwas tun muss, um die Situation zu bereinigen. Aber ich kann mich nicht entschließen.«

Ändert sich der Bewegungszustand eines Körpers nicht, wirkt entweder keine Kraft auf den Körper oder er befindet sich im Kräftegleichgewicht. Das heißt: Auf den Körper wirken mehrere Kräfte, deren bewegungsändernde Wirkungen sich gegenseitig aufheben.**

»Ich muss schon auch sagen, dass ich meine Frau sehr schätze. Die große Liebe ist natürlich vorüber, da hat auch einfach die Zeit

---

* Aus: *Physik für Gymnasien*
** Ebd.

daran genagt. Aber wir haben schwere Zeiten durchlaufen, und das schweißt einen zusammen. Der Aufbau der Firma, die Kinder, der Tod der Schwiegereltern, wir haben dramatische, intensive, traurige Momente miteinander durchlebt und überstanden. Es hat diesbezüglich eine große Übereinkunft gegeben, das Unternehmen Familie, trotz aller Krisen, weiterzuführen. Wobei die Krisen sehr oft durch meine sexuellen Unruhen ausgelöst worden sind. Wahrscheinlich wäre es auf einer tolerablen Ebene weitergelaufen, wenn ich nicht Barbara kennen gelernt hätte. Mit Barbara hat sich alles geändert.

Wobei: Es ist mir schon der seltsame Gedanke gekommen, dass Barbara die Art von Frau ist, die meine Frau geworden wäre, unter anderen Umständen. Meine Frau war auch unglaublich clever, tüchtig, zielorientiert. Ganz am Anfang, als wir beide in der Firma gearbeitet haben, hat sie ein unglaubliches Engagement an den Tag gelegt und war flott im Geschäftsleben unterwegs.

Irgendwann war es dann aber so, dass sich alles auf mich konzentriert hat, der Schwiegervater hat voll auf mich gesetzt. Das Dilemma hat begonnen, als sie sich in die Sekretärinnenrolle zurücksetzte und nicht mehr als Co-Partnerin aufgetreten ist. Ich glaube, sie ist dadurch in ihren Möglichkeiten sehr geschrumpft. Dass sie sich so auf die Kinder konzentriert hat, war im Grunde auch ein Ausweichen, weil sie nicht wirklich in der Firma Fuß gefasst hat. Ich glaube, dass da mein Schwiegervater und ich etwas unsensibel waren, es hätte sicher Möglichkeiten für sie gegeben, in leitender Position aktiv für das Unternehmen zu arbeiten. Es wäre auch richtiger und fairer gewesen, das so anzupacken.

Sie wurde dann immer unzufriedener. Im Grunde hat sie sich immer als lästige Begleiterscheinung gesehen, einerseits in meinem Leben, andererseits im Leben der Kinder, auch in der Firma stand sie am Rand, heute sehe ich das ganz klar.«

Körper, die ... schiefe Ebenen hinabgleiten, kommen – unabhängig vom Neigungswinkel – unten mit gleicher Geschwindigkeit an wie beim freien Fall aus gleicher Höhe.*

»Wenn ich ehrlich bin, möchte ich durch die jetzige Situation einfach durchtauchen. Ich möchte nicht den großen Knall hören, der bedeutet, dass alles zu Ende geht. Ich will meine Familie nicht verlieren, aber ich will auch nicht auf Barbara verzichten. Sie ist eine ganz tolle Frau, sie gibt mir das Gefühl, großartig zu sein.

Angenehm ist auch das Gefühl, dass ich bei ihr viel weniger stark sein muss. Zu Hause bin ich immer der Felsen, alle lehnen sich an mich, ich bin die Sicherheit, die Orientierung etc. Barbara braucht das nicht, sie ist selber stark. Wenn mir mal danach ist, kann ich bei ihr plötzlich ganz klein sein, ich kann deprimiert sein, sie fängt das auf, sie ist selber stark. Das macht schon ziemlich viel aus in der Qualität unserer Beziehung.«

Fritz verdient es fast schon, einen Professorentitel verliehen zu bekommen – so viele wichtige Lektionen erteilt er uns Frauen.

Fritz ist sich seiner persönlichen Position in jeder Sekunde bewusst. Wird man ihn hinreichend ernst nehmen als »dazugeheirateten« Juniorpartner? Ist er nicht überlastet als junger Vater mit zwei Kindern? Engt man ihn ein? Fritz denkt an sich – viel zu viel. Aber Erika denkt viel zu wenig an sich und verteidigt ihre persönliche Position überhaupt nicht.

Während Fritz aufsteigt, rutscht Erika ab, Schritt für Schritt. Er ist der Mitarbeiter, dann der Juniorchef, dann der Firmeninhaber; sie ist die Assistentin, dann die Sekretärin, dann nur noch die Hausfrau. Erika ist genauso jung wie Fritz, hat dieselbe Ausbildung. Er fühlt sich eingeengt durch die beiden Kinder? Vielleicht

* Aus: *Dorn/Bader Physik*

sehnt auch sie sich nach Abenteuern. Er aber kann seine »Sehnsüchte« befriedigen, während sie sich vom Ehemann sagen lassen muss, dass sie wie eine unterwürfige orientalische Zweitfrau seine Liebe zur tollen, schicken, jungen Geliebten offiziell zu tolerieren hat. Von ihren anfangs rosigen Lebenschancen – romantische Jugendliebe, blühendes Familienunternehmen – ist ihr fast nichts geblieben. Nicht einmal die Beziehung, um derentwillen sie alle Einschränkungen auf sich nahm. Ihre Bereitschaft, schrittweise ihre Position aufzugeben, kommt am Ende der totalen Selbstaufgabe gleich.

Willst du ein abhängiger Niemand werden, den keiner ernst nimmt? Wenn wir der jungen Erika diese Frage gestellt hätten, hätte sie sicherlich empört nein gesagt. Der Abstieg der Frauen ist meist ein langsamer, gradueller, aber physikalisch spielt das keine Rolle. Wir erinnern uns: *Körper, die ... schiefe Ebenen hinabgleiten, kommen – unabhängig vom Neigungswinkel – unten mit gleicher Geschwindigkeit an wie beim freien Fall aus gleicher Höhe.*

Erika wird immer schwächer und Fritz wird unproportional übermächtig, weil sie keine Kraft ausübt. Sie »kommt ihm entgegen«. Sie »zieht sich zurück«. Das sind Bewegungen, die nichts bewirken, die physikalisch gar nichts bewirken *können.*

Nur Kraft bewirkt etwas. Nur Kraft bewegt den anderen, und nur Kraft verändert die eigene Situation.

Fritz beschreibt sich anfangs als den Schwächeren. Heute ist er scheinbar der Stärkere. Diese Begriffe sind in Systemen nicht relevant, denn:

Auch bei verschiedenen Massen sind die Kräfte zwischen beiden gleich groß.*

* Aus: *Dorn/Bader Physik*

Erika handelt nach der falschen Devise. Kraft und Gegenkraft sind stabil. Kraft und Nachgeben sind nicht stabil.

Noch etwas lernen wir von Fritz. Ursprünglich wählte er eine Partnerin, die ihm gleich war. Sie war sozusagen sein Gegenstück – sie hatte die gleiche Qualifikation, den gleichen Berufsplan. An Barbara bewundert er später deren Selbstständigkeit, deren Tüchtigkeit. Männern gefällt eine starke Frau. Das heißt aber noch lange nicht, dass Männer die Stärke der Frau deshalb erhalten und fördern werden. Ihre Kraft muss die Frau schon selber bewahren. Es genügt nicht, anfangs stark zu sein. Frau muss konstant stark bleiben, nicht jede Sekunde, nicht einmal jede Woche, aber im Gesamtbild. Ohne Kraft läuft nichts.

Was bei Fritz und Erika vorliegt, ist eine einseitige Energieverteilung. Dabei erinnern wir uns:

Energie geht weder verloren noch entsteht sie neu, sie tritt nur mit unterschiedlichen Anteilen auf.

Eine Frau, die diesen Leitsatz nicht beachtet, liegt bald verbraucht im Sondermüll wie eine leere Batterie. Frauen investieren ihre Kraft in emotionale Leistungen und emotionale Ziele. Davon profitieren die Männer in ihrem Umfeld, denn wie wir längst wissen, gibt das Wärmere stets Energie an das Kältere ab. Diese Energie steht somit nicht mehr der Frau zur Verfügung, sondern dem Mann, oder nüchterner, klarer formuliert:

Zugeführte Energie wird positiv, abgegebene Energie negativ gerechnet.

Die Frau verliert damit einen Teil ihrer Handlungskraft, sie wird immer passiver:

Was als Wärmeenergie an die Umgebung abgeführt wurde, muss als Verlust an mechanischer Energie gewertet werden.

Man beachte den Zeitpunkt, an dem Erika aus der Firma ausscheidet – er ist bezeichnend. Erika hört erst mit ihrem Beruf auf, als die Kinder schon ins Gymnasium kommen. Warum gerade dann? Nicht aus irgendwelchen sachlichen Gründen, sondern weil ihr Energievorrat nun erschöpft ist. Bis jetzt hat er noch gereicht, zwar immer weniger werdend, nun aber ist er komplett verbraucht, vollständig abgegeben an Fritz und umgewandelt in dessen mechanische Energie. Davon hat er nun viel: genug, um eine Firma zu leiten, diese Firma zu modernisieren und innovativ umzugestalten, Kontakt zu den Kindern zu halten, seine Hobbys zu pflegen und eine aufregende Liebschaft zu beginnen – wobei Letztere allerdings teilweise auch als Energiebonus zu führen ist, da er nun die Wärmeenergie einer weiteren Frau abführen kann.

Fehlerquellen in der Gravitation oder: Warum Herbert die falsche Frau bekam und die richtige verlor

Ein Mann verlässt seine erste Ehefrau, die fest an seinem Aufstieg mitgewirkt hat, und heiratet eine jüngere »Dekorationsfrau«, die zu ihm aufschaut.

Soweit das Klischee, die Albtraumvision vieler Frauen – und leider auch eine immer wiederkehrende Wirklichkeit. Aber wie geht die Geschichte weiter? Findet ein Mann wirklich sein Glück mit einer Frau, die in erster Linie deshalb mit ihm zusammen ist, weil sie sein Leben attraktiver findet als ihr eigenes?

Herbert ist 41 Jahre alt und hat ein kleines, gut gehendes Spezialgeschäft für Computerzubehör. Er ist in zweiter Ehe mit Silvia verheiratet, die zehn Jahre jünger ist. Silvia arbeitet zeitweise als Messehostess. Herbert hat sich für das Klischee entschieden: Er hat eine tüchtige erste Frau für eine dekorative zweite Frau verlassen. Sehen wir uns an, wie es ihm mit seinem Klischee heute geht.

»Meine erste Ehe war die klassische Mussehe. Sibylle war meine erste Freundin, wir haben uns aus der Schule gekannt, wir waren gleich alt, sind in dieselbe Klasse gegangen. Und dann ist es, als wir aus der Schule raus waren, gleich passiert, und für uns und für die Eltern war klar, wir bleiben zusammen und wir heiraten, und wir bekommen das Kind.

Die beiden Großmütter haben uns sehr unterstützt, trotzdem ist das Meiste an Sibylle hängen geblieben. Ich weiß nicht, warum eigentlich, wir haben nie darüber diskutiert, es war einfach so. Unser Sohn ist jetzt 18 Jahre alt.

Trotz der Belastung mit dem Kleinen hat Sibylle nach der Handelsschule sehr schnell alle möglichen Zusatzausbildungen gemacht. Sie hat gearbeitet in verschiedenen Firmen, wo immer es gerade eine Chance für sie gab, sie war sehr risikofreudig. Wenn sie sich irgendwo nichts versprochen hat, hat sie schnell gewechselt. Diese Methode hat funktioniert, heute ist sie in einem Topjob, sie verdient mehr als ich.

Ich habe keine so glückliche Hand gehabt. Ich bin ein bisschen gemächlicher als sie, nicht ganz so risikofreudig. Das war eigentlich mein Hauptfehler in der Ehe; ich habe mich nicht gefreut, dass es bei ihr so gut klappte. Sie war im Grunde unser Haupteinkommen. Dadurch war es mir möglich, mich auf die Computerbranche zu stürzen, als das noch gar nicht so in war. Sie hat mich total gepuscht, das zu machen, sie hat nämlich schon aus ihren geschäftlichen Erfahrungen gesehen, dass das alles im Kommen ist. Weil unser Familieneinkommen durch sie gewährleistet war, konnte ich dann auch einiges an Ausbildungen noch nachholen und mir ein bisschen Zeit lassen. Das war möglich, weil sie schon so gut etabliert war und weil sie auch den Haushalt und das Kind wirklich wahnsinnig gut organisiert hat.

Damals war ich aber schon sehr in meiner Eitelkeit gekränkt, weil ich mir ein bisschen wie ein Verlierer vorkam. Rückblickend muss ich sagen, dass das ganz schön blöd von mir war. Anstatt Volldampf zu geben, habe ich uns aufgehalten mit irgendwelchen Bremsmanövern. Ich muss heute wirklich ganz selbstkritisch sagen, dass ich mich nicht für sie gefreut habe, wenn sie gute geschäftliche Abschlüsse gemacht hat. Als sie dann den Sprung in die Selbstständigkeit gewagt hat, da war ich derjenige, der wirklich die schlimmsten Unkenrufe gestartet hat, und das tut mir heute irgendwie doch Leid.

Dann war es halt so, dass es sexuell auch nicht mehr geklappt hat, weil ich mich halt insgesamt so zusammengeschrumpft gefühlt habe. Sie hat das überhaupt nicht verstanden, sie war gekränkt, sie hat sich zurückgewiesen gefühlt, sie hat sich nicht attraktiv gefühlt. Dabei ist sie objektiv gesehen auch heute noch eine sehr fesche Frau mit ihren 41 Jahren, sie ist unheimlich pfiffig und sie gefällt mir, muss ich sagen, immer noch gut, sie ist einfach mein Typ.

Zur Trennung kam es dann, weil wir wahnsinnig viel gestritten haben. Ich habe immer darauf beharrt, dass ich auch zum Zug komme. Ich erinnere mich noch, sie musste einige Tage verreisen und ich hatte zur selben Zeit eine Schulung. Bloß, meine Sache war im Grunde verschiebbar, weil das eine regelmäßige Geschichte war. Ich hab ihr aber nicht gesagt, dass ich das in wöchentlichen Abschnitten machen konnte und dass ich genauso gut auch eine Woche später hätte starten können. Sondern ich habe ein Riesendrama daraus gemacht und habe darauf bestanden, den Vortritt zu haben.

Das war ein Rieseneinbruch, denn für sie war es wirklich schlimm, sich nicht loseisen zu können. Es war für sie, glaube ich, der Punkt, wo sie gesagt hat, bis hierher und nicht weiter. Sie hat zwar nicht gewusst, dass es von meiner Seite her um eine Machtprobe ging, aber sie hat es wohl gespürt. Sie hat gespürt, dass es mehr um meine Eitelkeit und um meine Macht in der Beziehung ging als um eine tatsächliche unaufschiebbare Notwendigkeit.

Meine jetzige Frau ist viel anlehnungsbedürftiger, sie ist zwar auch aktiv, sie ist quasi berufstätig, sie jobbt auf Messen, aber das ist keine echte Berufstätigkeit. Es ist völlig klar, dass ich hauptsächlich für alles zuständig bin, ich bin fürs Geld zuständig, ich bin für das Vergnügen, für sehr viel an Organisation zuständig, es läuft das meiste über mich, wobei sie theoretisch sehr viel mehr Zeit hätte als ich. Aber sie sagt immer, ich stehe im Zentrum und kann das alles besser. Und es ist wahr, dass ich durch meine Geschäftsbeziehungen, die dann auch unsere Freizeitbeziehungen werden, unser Leben bestimme.

Aber mein Gefühl ist, dass sie wenig beiträgt, etwas zu ergänzen. Wenn ich sage ergänzen, dann klingt das ohnehin schon recht minimal, und ich glaube nicht, dass ich wahnsinnig anspruchsvoll bin. Ich bin den ganzen Tag fort, ich komme relativ spät am Abend nach Hause, und dann wäre es für mich schon manchmal nett, wenn sie sich irgendetwas überlegt oder irgendetwas beigetragen hätte zu unserem Zusammensein. Bei uns gibt es eher Tiefkühlpizza, was mich nicht grundsätzlich so stört. Aber ich denke mir, ich arbeite sehr hart, so im Gegenzug habe ich mir schon ein bisschen was verdient dafür, ein Entgegenkommen. Ich selber koche eigentlich ganz gerne und ich wäre durchaus bereit, abends auch etwas zu machen, wenn sie schon vorbereitet hätte oder wenigstens einkaufen gegangen wäre, also ich würde etwas dazu tun, dass es mehr Gemütlichkeit gibt.

In den Phasen, wo sie arbeitet, sagt sie dann immer, ich sollte mehr tun. Damit meint sie, ich soll dann meine Hemden selber in die Reinigung bringen und solche Sachen. Das ist o.k. für mich, wobei ich allerdings glaube, dass sie sich ruhig ein bisschen besser organisieren könnte. Wenn ich ihre Belastung mit meiner vergleiche ... das steht in keinem Verhältnis.

Ich spüre, dass ich zunehmend unzufrieden bin. Ich habe meine Ex-Frau durch Zufall in der Stadt wieder getroffen, wir sind fast ineinander gelaufen und sind dann ganz spontan ins Café gegangen. Und ich hab mir gedacht, na, du bist ein alter Trottel, die hast du laufen lassen! Ich habe wirklich so das Gefühl gehabt, ich hab mein Glück damals nicht beim Schopf gepackt.

Und sie hat mittlerweile einen Lebensgefährten, einen sehr tüchtigen Arzt, was ich so heraushören konnte. Sie ist sehr zufrieden mit ihrem Leben. Was mich freut für sie, aber mir irgendwie auch Leid tut. Mir kam ganz kurz der Gedanke, dass ich am liebsten meinen Koffer packen und zu ihr zurückgehen würde, die Zeit zurückdrehen und mich wieder bei ihr einquartieren würde, in unser altes Zuhause. Es existiert ja noch, ich bin damals nur mit einem einzigen Koffer gegangen. Aber natürlich gibt es kein Zurück.

Ich habe einfach nicht gewusst, was ich an ihr gehabt habe. Ja, es stimmt schon, weibliche Tüchtigkeit schüchtert Männer ein, weil sie sich unwillkürlich in die Enge getrieben fühlen. Sie denken, da ist eine Frau, meine Frau, die könnte mich überrunden. Wenn es ihr mit eigener Kraft so gut geht, dann schätzt sie mich nicht mehr so sehr, sie idealisiert mich dann vielleicht nicht mehr. Das haben Männer schon sehr gern, dieses glamouröse Idealisiertwerden, der Superkerl zu sein. Wo ist man das denn noch? Und diesen Anschein zu Hause aufrechtzuerhalten, das ist schon etwas sehr Schönes. Aber es ist ein Irrweg, das sehe ich heute ganz klar, weil was habe ich exakt von meiner jetzigen Beziehung? Relativ wenig.

Ich lebe sehr auf Sparflamme, auf der Gefühlsebene ist da auch nicht so viel los. Es gibt viel weniger Auseinandersetzung, das schon, dafür spüre ich ganz viel Verantwortung, weil immerhin habe ich eine Frau, die zehn Jahre jünger ist. Da denke ich mir oft, ich muss mich anstrengen und mithalten, ich muss auch jung bleiben, ich muss mich bemühen, weil wenn nicht, dann habe ich eigentlich zum zweiten Mal versagt. Ich glaube, dass sich Männer in Beziehungen nicht so gerne als Versager erleben, und wenn zwei oder drei Ehen in die Brüche gehen, dann wirft das kein gutes Licht auf dich.

Was ich gerne anders hätte an dieser Beziehung, wäre, dass sich meine Frau ernsthafter einlässt auf ihren Beruf, dass sie aus ihren kleinen Jobs wirklich einen echten Beruf macht. Die Tage sind ja ziemlich lang, und so viel Service brauche ich nicht und bekomme ich von ihr auch nicht.

Jetzt habe ich ganz offen gesagt nicht die Beziehung, die ich mir erträumte. O.k., sie schaut fantastisch aus, sie ist ein echtes Glamour-Girl, sie ist so ein Modeltyp, schlank, groß, immer nach der tollsten Mode mit sehr viel Fantasie und Aufwand angezogen, alles, was mir gut gefallen hat, als wir uns kennen gelernt haben. Aber mittlerweile interessiert mich diese ganze Garderobenfrage, die ihr nach wie vor irrsinnig wichtig ist, schon sehr viel weniger.

Ich glaube, dass zwischen uns recht wenig ist, und ich hab so die Befürchtung, dass eine Beziehung, in der am Anfang Äußerlichkeiten sehr viel zählen und dieser ganze Faktor gegenseitige Bewunderung und auch Sexappeal sehr wichtig ist, dass diese Beziehungen nicht wirklich ein Bindemittel haben, wenn sich danach nicht zusätzlich noch etwas entwickelt. Wenn meine Frau inhaltlich ihr Leben stärker forcieren würde, dann würde es uns vielleicht auch besser gehen.

Ich wundere mich nur, dass ihr nicht irrsinnig langweilig ist. Sie will zum Beispiel nicht einmal Kinder. Was mir ja recht ist, ich hab schon einen Sohn. Das ist ja noch gut, dass es da keine Missstimmungen gibt, weil ich glaub, dass unsere Ehe nicht so im Lot ist, dass wir uns Kinder auch tatsächlich leisten könnten. Aber ich meine nur, wenn sie keine Kinder haben will, wie visualisiert sie dann eigentlich ihr Leben? Will sie gar nichts damit anfangen?

Sie ist schon der Frauentyp, der den Eindruck vermittelt, anschmiegsam zu sein, sich anlehnen zu wollen. Aber in Wirklichkeit hat das eine eiskalte Komponente, und das ist es, was mich am allermeisten stört mittlerweile. Es hat diese Komponente, ich bin für sie da und ich bin eigentlich verpflichtet, für sie zu sorgen. Das ist so wie in einem geschützten Dienstverhältnis, sie ist so etwas wie eine Beamtin, die nicht viel arbeiten muss, weil ihr nicht so leicht gekündigt werden kann. Dadurch dass ich sie so quasi in diese Ehe hereingeholt habe – weil ich war damals wirklich ganz wild nach ihr –, trage ich jetzt auch die umfassende Verantwortung.

Und sie sieht das nicht als gegenseitige Sache, das stört mich insgesamt schon sehr. Sie betrachtet sich selber wie eine wertvolle Anschaffung; ich wollte sie, jetzt hab ich sie, und jetzt soll ich froh sein. Ich glaube, wenn ich es ganz direkt aussprechen soll, dass sie ihren Beitrag nicht leistet. Wenn ich mir meine Kollegen ansehe, die haben Frauen, die arbeiten, zum Teil mit sehr viel Freude und Engagement, und da ist alles viel lustiger und lockerer.

Ich sehe es, wenn wir Abendeinladungen haben, sie ist immer ein bisschen abseits. Und wenn ich es ganz drastisch sage, was kann sie auch schon eigentlich viel reden? Ihre Messegeschichten, das sind sehr punktuelle Ereignisse, und untertags, ich weiß nicht so recht, wie sie ihre Tage verbringt. Sie ist im Café, sie geht einkaufen, sie liest Zeitschriften, sie kümmert sich ein bisschen um eine ältere Tante, aber die ist kein Betreuungsfall, sondern die braucht nur ein bisschen Gesellschaft und Ansprache manchmal.

Und da ist dann offenbar der Gesprächsstoff schnell zu Ende, wenn sie sich mal mit anderen Frauen unterhalten soll. Das Komische ist, dass diese anderen Frauen meist ein gutes Jahrzehnt älter sind oder noch älter als sie, aber sie kommen mir alle viel lebendiger vor als Silvia, die zunehmend eine lethargische Note bekommt.

Wo mein Anteil liegt? Mein Anteil ist, dass ich mich gelähmt fühle, irgendwie so dieses Schuldgefühl habe, resultierend aus dem Gedanken, ein Mann ist verantwortlich für seine Frau. Ich bin ein eher konventioneller Mann, und ich bin auch gerne verantwortlich, aber *so* verantwortlich, wie ich jetzt bin, dass sie gleich überhaupt nichts aus ihrem Leben macht, das finde ich eigentlich auch nicht toll.

Ich glaube, das funktioniert heute in Wirklichkeit nicht mehr, und ich hab schon fast das Gefühl, es ist zu gefährlich weiterzusprechen, weil sich in mir zunehmend ein ungutes Gefühl verdichtet, wenn ich da noch tiefer in die Materie eindringe und mir noch intensiver Gedanken mache. Ehrlich gesagt, da fühle ich mich überfordert, das möchte ich jetzt lieber nicht tun.«

Ein Stoß heißt unelastisch, wenn die Körper nach dem Zusammentreffen miteinander verbunden bleiben.

Mittlerweile haben wir uns vertraut gemacht mit der wissenschaftlichen Einsicht, dass Männer und Frauen – genau wie Kreiswellensysteme – ihre jeweilige Form und Integrität und Energie behalten können und müssen, wenn sie miteinander positiv in Beziehung treten wollen, ohne einander und sich selber zu stören und einen Verlust zuzufügen.

Wenn Frauen stattdessen den Irrweg des unelastischen Stoßes, verbunden mit der Auslöschung der sich überlagernden harmonischen Schwingungen gehen, dann hat das zwei wesentliche Ursachen:

- die Tradition und Geschichte sowie
- unhaltbare romantische Irrbilder.

Dazu kommt in vielen Fällen auch noch eine Dosis Bequemlichkeit. Wir lassen uns fallen und von einem anderen tragen.

Männer gehen denselben Irrweg, aber aus anderen Gründen. Auch bei ihnen spielen die Tradition und die Geschichte eine starke Rolle. Dazu kommen bei ihnen weniger die romantischen Irrbilder, die Frauen leiten, sondern Bilder von Männlichkeit. Sie haben gelernt, sich in ihrem Ego bestätigt zu fühlen, wenn eine kleinere, schwächere Person zu ihnen aufschaut und von ihnen abhängig ist. Dieses Muster des Zusammenlebens funktioniert für Männer aber auch nicht mehr, wie wir an Herberts stark ambivalenter Erzählung erkennen können.

Psychologische Einsichten und ideologische Appelle helfen den Menschen aber offenbar nur bis zu einem gewissen Punkt, die Macht der alten Gewohnheit abzuschütteln. Vermutlich nützt uns die klare Logik physikalischer Gesetze eher.

Unwissenschaftliches Männerverhalten 1: Den Vortritt beanspruchen

Liebe Leserin: Versuchen Sie sich vorzustellen, dass Sie einen Partner gewählt haben, der zehn Jahre jünger ist als sie, dafür aber auffallend attraktiv und auch ziemlich eitel. In vieler Hinsicht überragen Sie ihn. Er hat das Abitur gemacht, aber Sie haben ein Hochschulstudium abgeschlossen. Er jobbt ein bisschen herum, Sie aber haben eine verantwortungsvolle berufliche Position. Sie stützen ihn finanziell, inklusive seiner zahlreichen Anschaffungen, denn er kauft gerne für sich ein. In der Gesellschaft Ihrer Freunde und Freundinnen, und mehr noch Ihrer KollegInnen, fühlt er sich schüchtern und versteckt sich hinter Ihnen. Manchmal ist er nach solchen Partys trotzig und deprimiert, dann müssen Sie ihm schmeicheln, ihm sagen, wie gut er aussieht und wie sehr er Ihnen gefällt, um ihn damit wieder aufzubauen.

Gefällt Ihnen das Bild? Den meisten Frauen wäre es peinlich, mit einem solchen Partner aufzutreten. Seltsamerweise können viele von ihnen sich aber auch heute noch gut vorstellen, selber in der Rolle dieses Partners zu sein. So, wie geschildert, bloß mit anderer Geschlechterbesetzung, sehen immer noch viele Beziehungen aus. Vielen Männern macht es nichts aus, eine Frau zu heiraten, die ihnen und ihrem Umfeld deutlich unterlegen ist, die außer ihrem Aussehen und ihrem modischen Geschmack nicht viel vorzuweisen hat. Die meisten Frauen würden es unter ihrer Würde finden, einen solchen Mann nach Hause zu bringen.

Aber das vertraute Bild verschiebt sich spürbar. Herbert vergleicht seine Frau mit den Frauen seiner Freunde, und es kommen ihm Zweifel an seiner Wahl. Er fragt sich, ob er nicht einen großen Fehler gemacht hat, als er eine kompetente, ehrgeizige und interessante Frau gegen eine rein dekorative Frau austauschte. Umso mehr, als sein Vorsprung – sein Mehr an Einkommen, Status, Lebensjahren und Wichtigkeit – ihm kaum noch konkrete Vorteile in seiner Ehe bringt. Er hat zwar objektiv mehr Macht als seine Partnerin, aber es gilt heutzutage nicht mehr als akzeptabel, diese Macht offen auszuspielen.

Der Mann, der heute noch ganz offen weibliche Dienstbarkeit einfordert mit der Begründung, er sei schließlich das Familienoberhaupt und der Familienernährer, gilt als archaischer Rüpel. So etwas ist längst geschmack- und manierenlos und wir würden uns alle in solchen Fällen peinlich berührt abwenden. Herbert weiß das – also verdrückt er brav die Tiefkühlpizzas, die Silvia auftischt, und hält den Mund. Er weiß, wie der Zeitgeist weht, und bringt seine Beschwerden nur zaghaft zur Sprache. Er hat zwar das Gefühl, von seiner Partnerin ausgenutzt zu werden, aber seine Kritik formuliert er nur vorsichtig und indirekt. Er wollte in seiner Zweierbeziehung derjenige sein, der den »Vortritt« hat, der wichtiger ist, der mehr Verantwortung trägt und mehr verdient. Jetzt hat er, was er wollte.

Unwissenschaftliches Männerverhalten 2: Souverän sein

Viele Frauen beschweren sich darüber, dass sie »für die Beziehung zuständig« sind. Meist meinen sie damit, dass sie diejenigen sind, die Probleme artikulieren, die Freizeit organisieren, die das Sozialleben des Paares managen – während »er« bestenfalls »mitmacht«, gnadenhalber.

Sehen wir uns dazu Alois und Lisbeth an.

Alois ist Sozialarbeiter, ironischerweise in der Familienberatung – ironischerweise deshalb, weil ihm gerade das, was er seinen Klienten immer nahe legt, in seiner eigenen Beziehung am meisten fehlt: offene Kommunikation. Seine Frau Lisbeth ist ebenfalls Sozialarbeiterin, in der Behindertenarbeit. Als Gruppenbetreuerin hat sie eine sehr verantwortungsvolle, aber auch sehr belastende Arbeit. Ihre Dienstzeiten – drei Tage und Nächte volle Arbeit, dann vier Tage und Nächte frei – machen das Zusammenleben nicht leichter, und nach manchen Schichten ist ein gewisses Burnout unvermeidbar.

Wie ist es Alois mit seinen Familien gegangen? Welcher Fall hat Lisbeth diesmal mitgenommen? Wie sieht ihre Zukunft aus bezüglich Kinderkriegen, was bei Lisbeths gegenwärtigem Dienstplan sehr schwierig wäre? Das sind Themen, die Lisbeth gerne mit Alois besprechen würde, bei denen sie gerne seine echte und authentische Meinung hören möchte. Stattdessen läuft es nach Alois' Worten so:

»Was sich bei uns an vertrauten Abläufen eingestellt hat, das sind einerseits ihre Vorwürfe und ihre Wehklagen und auf der anderen Seite meine Schuldgefühle, die ich aber niemals eingestehen würde.

Und manchmal überlege ich mir Folgendes: Wenn ich ganz offen zugeben würde, dass das, was sie mir vorwirft, stimmt – dass ich sehr auf mich selbst bezogen lebe, dass ich zu wenig offen bin, dass ich zu wenig über das, was mich belastet, spreche und damit auch viel zu wenig ihr zuhören kann und ihr geben kann –, wenn ich das einfach zugeben würde, was wäre dann? Was könnte dann passieren? Das wäre ja eigentlich nur gut.«

Seine Schwierigkeiten damit, mehr aus sich herauszugehen, führt Alois auf sein Elternhaus und auf althergebrachte Rollenbilder zurück. Sein Vater hat getrunken und dann seine Frau geschlagen; seine Mutter war duld- und arbeitsam und rackerte sich ab, unter diesen Umständen fünf Kinder und einen Haushalt zu bewältigen. Dieser problematische Hintergrund, glaubt Alois, hat ihn dazu inspiriert, Sozialarbeiter zu werden und mit Familien zu arbeiten. Aber in seiner eigenen Beziehung spürt er eine innere Bremse, die er sich selber nicht ganz erklären kann. Sie wird, glaubt er, ihren Ursprung wohl in den Geschlechtsrollenbildern haben:

»Und solange das noch immer in uns Männern steckt, wird sich wenig ändern. Was mein Frauenbild betrifft, da konnte ich die alten Bilder recht gut abschütteln. Ich hänge nicht am Stereotyp der anhänglichen Frau, die ganz von ihren Emotionen getrieben wird. Mir gefällt es sehr gut, wenn Frauen rational und vernünftig sind, Partner sind. Kumpel, Kameraden, das sind alles Begriffe, die mir im Hinblick auf Frauen gut gefallen, das finde ich unheimlich anziehend. Und ich habe ja auch so eine Frau, die dem Macherimage entspricht, gar keine anschmiegsame, kuschelweiche Frau. Lisbeth sagt genau, was Sache ist, die kämpft sich in der Hierarchie durch, sie hat auch einmal einen ganz schönen Skandal, wo es um Korruption ging, in ihrer Einrichtung aufgedeckt, das finde ich alles super.«

Hingegen das Männerbild zu ändern, das fällt ihm schon viel schwerer. Warum, das kann Alois recht gut analysieren. Wir vermuten, dass er hier für viele Männer spricht:

»Lisbeths Beschwerde ist, dass sie immer auf mich eingehen muss und mühsam aus mir Dinge herausholen muss, weil ich zu wenig offen bin. Und das spüre ich auch ganz stark, aber da ist irgendwie eine tief sitzende Angst in mir. Wenn ich jetzt wirklich alles rauslasse, wenn ich alles, was in mir steckt, den ganzen Schutt auslade – ich fürchte, dass sie mich dann nicht mehr wertschätzt.

Ich befürchte, dass ich dann, wenn es mir vielleicht entgleitet und ich auf der ganz gleichen Ebene weich, verheult dasitze – ich weiß ja nicht, was alles aus mir herausbrechen könnte –, das wird dann vielleicht schwierig für meine eigene Selbstsicht. Umgekehrt, wenn es Lisbeth manchmal schlecht geht, dann schluchzt und heult und tobt sie durchaus, und, ja, mir macht das nichts aus. Für mich ist sie danach noch immer die starke Lisbeth. Aber ob sie in mir noch den ebenbürtigen Partner sehen würde – oder ehrlicher vielleicht doch den Partner, zu dem sie ein bisschen aufschaut, das weiß ich nicht. Ja, den Begriff ›ein bisschen aufschauen‹, den hab ich verwendet, das ist richtig, der ist mir so rausgerutscht, aber das haben wir Männer noch stark in uns, dass wir denken, dass die Frauen schon auch Achtung vor uns haben sollen.

Wobei, ich will eigentlich auch zu ihr aufschauen, ich will sie auch als Respektsperson sehen und sie achten können, das ist ganz eindeutig. Ihre Persönlichkeit, ihre Leistungen – das alles bewundere ich enorm. Ich will ja auch nicht, dass sie aus einer unterworfenen Position zu mir aufschaut, ich will auch zu ihr aufschauen können.

Na ja, aber wenn ich ganz ehrlich bin, der Mann will immer ein bisschen höher stehen. Also dieses kleine Siegerpodest, das ihm die Welt draußen so bereitwillig hinstellt, das lieben die Männer schon sehr. Nehmen Sie mich: Wenn ich mir die Männer in meiner Familie ansehe, mein Vater war Briefträger, ich bin Sozialarbeiter, das sind ja keine ruhmvollen Machopositionen. Wir fallen eher in die Kategorie Hanswurst, also bei uns gibt es ja da nicht sehr viel, was großartig glamourös wäre. Außer eben, dass wir Männer sind.«

Alois spricht die Versuchung aus, der Männer oft unterliegen: sich groß zu fühlen, weil eine andere Person sich an sie anhängt. Und er spricht die Ängste aus, die viele Männer davon abhalten, ihrem ganz natürlichen Impuls zu folgen und in ihren Beziehungen als die ganz normalen Menschen aufzutreten, die sie sind und sein wollen.

Holger ging durch das »Tal der Tränen« – er hat erlebt, was passiert, wenn der Mann in der Beziehung einmal schwach ist. Ja, er hat es nicht nur erlebt, er hat es sogar *über*lebt.

»Bei Jacqueline war es so, dass sie von Anfang an nicht gar so einverstanden war mit der gemeinsamen Kasse, weil sie ein Mensch ist mit wirklich sehr viel Stolz. Sie wollte nicht auf meine Kosten leben, das widerstrebt jeglichen Bedürfnissen von ihr. Und ich muss ganz ehrlich sagen, dass mir das extrem gut gefällt bei ihr, das löst bei mir, glaube ich, wieder ein bisschen mehr Glücksgefühl aus als bei jemandem, der das nicht hat. Ich glaube, dass diese Grundeinstellung in der Beziehung schon sehr viel hilft, dass da ein möglicher Zweig an Problemen wegfällt.

Als Beispiel: Gestern zeigten sie im Fernsehen ein Interview mit einem Mann, der sich als DJ durchs Leben schlägt, obwohl er schon 35 ist, der einen fünfstelligen Schuldenberg hat, und auf die Frage, wie es dazu gekommen ist, hat er erklärt, dass er blind war vor Liebe. Diese Frau war sehr anlehnungsbedürftig, für die war selbstverständlich, dass er ihr ein Pferd kauft und ein Auto, solche Luxusgüter halt. Nur, nachdem das Fass dann ausgeschöpft war, war sie weg, und er ist auf seinen Schulden sitzen geblieben. Da muss ich sagen, selber schuld, und ich muss dabei grinsen, weil für mich ist es eigentlich unmöglich, so dumm zu sein.

Dieses Anlehnen, das war ein wenig ein Auf und Ab in unserer Beziehung. Am Anfang hat sie sich ganz stark an mich angelehnt, die ersten Jahre. Dann kam mein Tief, als die Firma, für die ich arbeitete, in Konkurs ging. Durch die Arbeitslosigkeit, das lange unergiebige Suchen nach einem neuen Job, bin ich so abgesackt, dass ich zum Beispiel viel weniger oft als vorher unter die Dusche gestiegen bin. Weil ich sowieso nur daheim war. Ich hab mich gehen lassen, man wird ziemlich schnell lasch und faul. Und in der Zeit hat sie ein bisschen den Respekt, den sie von sich aus vor mir gehabt hat, verloren.

Da kam dann Kritik: ›Du sitzt nur herum.‹ Hat nicht ganz gestimmt. Ich hab gelernt in der Zeit, es war nicht so, dass ich nichts getan habe, ich bin also nicht das typische Bild mit Bierbauch und

Bierflasche vorm Fernsehen, so war es sicherlich nicht. Ich bin in der Zeit rund um die Uhr vorm Computer gesessen und hab mir das beigebracht binnen drei Monaten, womit ich jetzt viel Geld verdiene, also es hat schon Sinn gehabt. Nur generell von meiner Lebensart und meinem Auftreten bin ich abgesackt, und da ging sozusagen der Lack ab, in ihren Augen. Sie hat aufgehört, in mir den Beschützenden und Starken zu sehen. Stattdessen hat sie versucht, selber die Starke zu sein und mich anzukurbeln.

Das war mir lästig, aber grundsätzlich und im Nachhinein war es eine große Hilfe. Man ist eben manchmal wirklich in einer Krise drinnen und braucht den anderen, der einen stützt und hin und wieder durchrüttelt. Wenn man in der Krise ist, empfindet man gar nicht, dass man absackt, was der andere als objektiver Beobachter halt bemerkt.

Es kann schließlich nicht immer nur ein einseitiges Geben und Nehmen sein. Das ist wie in der Landwirtschaft bei einem Feld: Wenn man immer nur Weizen anbaut, wird das irgendwann nicht mehr fruchtbar sein. Besser ist die Dreifelderwirtschaft. Es muss ausgetauscht werden, sonst wird das schlapp und das ganze System funktioniert dann nicht mehr. Und das ist, glaube ich, auch so ähnlich in Beziehungen: Es muss jeder bereit sein, die Rolle des anderen zu übernehmen. Es kann nicht die Frau erwarten, dass sie sich immer an den Mann lehnen kann, sondern es muss auch einmal möglich sein, dass der Mann, was eh viel zu selten ist, Gefühle offen zeigen kann – einfach einmal weinen.

Ich kann das nicht so gut, weil ich nicht so erzogen bin, manchmal geht's, wenn etwas ganz schlimm ist. Aber dass sich der Mann einmal an der zarten Schulter von der Frau anlehnen kann, dass sein Lack ruhig absplittern kann und die Beziehung davon sogar besser wird, das hab ich erst mit der Zeit erkannt.«

Es ist interessant, wie dieser Mann instinktiv eine wissenschaftliche Analogie herstellt – ein Phänomen, das wir bei unseren InterviewpartnerInnen öfter beobachten konnten. Intuitiv begreifen viele Menschen, dass die Regeln der natürlichen Welt auch auf sie selbst zutreffen. Was Holger hier im landwirtschaftlichen Kontext ausdrückt, kennen wir bereits aus unseren allgemeinen physikalischen Prinzipien:

Zugeführte Energie wird positiv, abgegebene Energie negativ gerechnet.

Beziehungen, in denen Energie einseitig abgegeben wird, erschöpfen sich. Innerhalb eines Systems – und einer Beziehung – bleibt die Energiesumme zwar konstant, wo aber Reibung vorhanden ist – und ein Beziehungskonflikt ist eine Reibung –, wird die Summe der Energie geringer.

Unser erster Gesprächspartner Herbert spürte genau, dass er für seinen Aufwand zu wenig zurückbekam. Er verdiente das Geld, organisierte das Sozialleben und die Freizeit, gab der Beziehung ihre Richtung. Er hätte erwartet, dass seine Frau entweder ebenfalls ihren Beruf ernsthafter betreibt (mechanische Energie investiert) oder mehr zur »Gemütlichkeit« und Lebensqualität beisteuert (Wärmeenergie abgibt). Wer weder das eine noch das andere tut, ist ein Energiefresser.

Wer, bitte, lehnt hier wo?

Ein ganz zentraler Begriff für Frauen ist das *Anlehnen*. Konventionelle, konservative Frauen wollen sich anlehnen, weil sie meinen, die Kraft und die Fähigkeiten des stärkeren Mannes zu brauchen, es alleine nicht zu schaffen. Kompetente, ehrgeizige Frauen wollen sich anlehnen, um einen Ausgleich zu haben für den Stress und den Druck ihres öffentlichen Auftretens. Sie wollen sich auch mal gehen lassen können, die Verantwortung abgeben dürfen, sich ihre Bürden liebevoll abnehmen lassen.

Der Wunsch, sich anzulehnen, gilt als typisch weiblich. Es fällt uns dazu auch sofort das passende Bild ein: der Mann, etwas größer, und die Frau, etwas kleiner – und im Bedarfsfall ist die breite männliche Schulter verfügbar für den erschöpften weiblichen Kopf.

Soweit das Bild, und nun zu den Facts. Die Facts sind, dass alle Menschen sich gerne anlehnen – es wollen, es brauchen und es auch tun. Auch Männer, und gerade Männer. Noch die mächtigsten Fürsten, die über Imperien herrschten, die über Krieg und Frieden bestimmten, die mit einer lässigen Handbewegung über Leben und Tod entschieden, auch und gerade diese Männer waren meist abhängig von Frauen – von ihren alternden Müttern zum Beispiel oder ihren launischen Mätressen. Von diesen Frauen brauchten sie in erster Linie Zuspruch, Streicheleinheiten und eine kleine seelische Nische, in der auch sie einmal schwach sein konnten.

Es ist lehrreich, die Geschichte des Mätressentums zu lesen. Im Klischeebild waren Mätressen die glamourösen Spielzeuge mächtiger Männer. Sie waren schöne, oberflächliche Weiber, die intrigierten, Karten spielten und sich in gehässige Rivalitäten bei Hof verstrickten. Ihr ganzes Sinnen und Streben galt dem Ziel, den König mit raffinierten erotischen Kunststücken an sich zu binden.

Aber auch dieses Bild stimmt nicht. Königliche Mätressen waren vor allem in ihrer spirituellen und psychologischen Funktion für den König unersetzlich. Historische Dokumente belegen, dass die berühmtesten und wichtigsten Mätressen oftmals gar keine oder nur eine sehr sporadische sexuelle Verbindung zum königlichen Geliebten unterhielten. An sexuellen Angeboten und Möglichkeiten mangelte es einem König nie. Bei einer Mätresse suchte er dagegen etwas Schwierigeres, nämlich die Chance, sich fallen lassen und anlehnen zu können, verstanden, bedauert und gestützt zu werden. Überall sonst – auch im Umgang mit der aus Staatsräson gewählten Ehefrau, die ihm oft ein Leben lang eine Fremde und nicht selten eine Feindin blieb – musste er mächtig, imposant und unnahbar sein. Und das ist äußerst anstrengend.

Madame de Maintenon, eine der berühmtesten Mätressen der Weltgeschichte, beschreibt ihre Beziehung zum französischen

König Ludwig XIV. wie folgt: »Wenn der König von der Jagd heimkehrt, kommt er zu mir; dann ist die Tür geschlossen, und niemand kommt herein. Hier bin ich dann alleine mit ihm. Ich muß seine Sorgen mittragen, wenn er welche hat, seine Traurigkeit, seine nervöse Niedergeschlagenheit; manchmal bricht er in Tränen aus, die er nicht zurückhalten kann, oder aber er klagt über Krankheit.«*

Auch die peinliche Halb-Affäre des ehemaligen amerikanischen Präsidenten Bill Clinton gehört besser unter die Rubrik »Anlehnen« als unter die Rubrik »Sex«. Wie der gesamte Globus detailliertest erfuhr, kam es bei den Zusammenkünften von Clinton und Monica Lewinsky kaum zu sexuellen Kontakten und kein einziges Mal zu einem tatsächlichen Geschlechtsakt im klassischen Sinn. Was Bill Clinton an diesen Kontakten schätzte, war die banale Konversation, die Bewunderung und das Geplänkel mit einer zwar nicht besonders intelligenten, ihm aber restlos zugewandten jungen Frau. Er wollte ein paar Minuten lang nicht der mächtigste Mann der Welt, sondern heiter und entspannt sein.

---

* Caroline Hanken: *Vom König geküßt. Das Leben der großen Mätressen*, Berlin: Berlin Verlag 1997, S. 63

Dolores und die Energie

Zwar ist es möglich, bei von allein in einer Richtung ablaufenden Prozessen den Anfangszustand wiederherzustellen ... jedoch nur unter Einsatz von Energie.

In diesem Kapitel sehen wir, wie sich ein Fehler korrigieren lässt. Schlechte Entscheidungen und falsche Entwicklungen können unter den richtigen Voraussetzungen repariert werden. Illustrieren wir dies am Beispiel einer transversalen Oszillatorkette – nein. Illustrieren wir es vielleicht lieber am Beispiel von Dolores:

Dolores war die jüngere Tochter eines Schauspielerehepaares und wuchs in ziemlich wüsten Boheme-Verhältnissen auf. Mit einer kleinen Theatergruppe zog die Familie durch die Lande und hielt sich bevorzugt im Süden auf, in Spanien. Das klingt zwar gut, aber die Wirklichkeit war alles andere als schön. Es gab nie genug Geld, die Eltern stritten sich ununterbrochen, und eines Tages verschwand der Vater spurlos auf Nimmerwiedersehen.

Als Dolores 15 und ihre große Schwester 18 war, starb die Mutter bei einem Verkehrsunfall. Sozialarbeiter fahndeten nach dem Vater und fanden ihn auch: mittlerweile gutbürgerlich verheiratet und Vater zweier weiterer Kinder. Er zeigte überhaupt kein Interesse an den Töchtern aus seiner stürmischen Jugendliaison und überwies nur spärlich Geld für den Unterhalt von Dolores. Damit schlugen sich die Schwestern irgendwie durch. Sie blieben in Spanien, weil das Leben dort billiger war und es mittlerweile ihre Heimat war, doch eine Existenz konnten sie sich dort auf Dauer nicht aufbauen. Wohlmeinende Urlauber nahmen Anteil am Schicksal der jungen Frauen. Sie organisierten für die große Schwester schließlich einen Job in München und für Dolores einen Studienplatz in Hamburg.

Die jungen Frauen hatten Angst vor Deutschland, vor der Kälte, der Strenge und der Trennung voneinander, aber das erwies sich als grundlos. Die Schwester fühlte sich wohl im neuen Job und in der neuen Stadt. Auch die extrovertierte Dolores hatte schnell einen lustigen Freundeskreis und viel zu tun im alternativen Kulturleben ihrer neuen Heimat.

So ging es fünf Jahre lang. Dolores hatte kaum Geld, brauchte aber auch wenig. Sie war glücklich. Aus ihrem Zimmer in einer Künstler-WG hatte sie einen schönen Blick auf die Alster, in ihrer Freizeit gab sie Spanisch- und Flamencounterricht und lernte dabei nette Leute kennen, darunter einige bekannte Schauspieler, die ihren Unterricht fürs Einstudieren von Rollen brauchten.

In diesen Jahren hatte Dolores eine Reihe von Liebschaften. Die meisten dieser Beziehungen brach Dolores selber ziemlich schnell wieder ab. Allzu deutlich erinnerten diese Männer sie an ihren Vater. Ja, sie waren interessant, sexy, begabt, aber sie waren auch egoistisch, jähzornig, arrogant und unzuverlässig. Für mehr als ein Abenteuer waren sie nicht zu gebrauchen.

Durch ihren Sprachunterricht lernte Dolores hin und wieder auch seriösere Männer kennen – Geschäftsleute, die ihre Konversationsfertigkeiten auffrischen wollten oder eine geschäftliche Korrespondenz übersetzen lassen wollten. Etliche von ihnen fanden die rassige, eigenwillige Dolores sehr attraktiv – und auch Dolores fing mit der Zeit an, einen genaueren Blick auf diese Männer zu werfen. Der eine oder andere erschien zunächst viel versprechend, doch letztlich waren sie zu weit von ihrer Welt entfernt – sie missbilligten ihren Freundeskreis, verstanden nichts von Kunst oder Theater, waren einfach rundherum zu spießig, als dass man sich ein Leben mit ihnen hätte vorstellen können.

Und dann kam Gregor. Gregor war Zahnarzt, so ungefähr das Bürgerlichste, was man sich an Beruf vorstellen kann. Doch er hatte eine ausgeprägt unkonventionelle Ader. Dolores' Welt war ihm fremd, aber er war fasziniert davon. Er liebte es, Premieren zu besuchen und danach mit den Schauspielern durch verrauchte Jazzkeller zu ziehen. Dolores überlegte, dass sie in ihm vielleicht die perfekte Mischung gefunden hatte: seriös und verlässlich, aber auch aufgeschlossen und unternehmungslustig.

»Er war nicht wirklich mein Typ«, meint sie. »Vom Aussehen her hat er mich nicht angesprochen. Er ist klein, stämmig – seine Vorgänger waren alle viel schöner als er. Und viele waren wohlhabender als er. Ich habe mich für ihn entschieden, weil er mich immer zum Lachen brachte – er ist einfach irrsinnig lustig.«

Und Gregor blickt wie folgt auf die Kennenlernphase zurück:

»Dolores war total autark – das faszinierte mich an ihr. Die Frauen in meinen Kreisen waren alle nur auf Prestige aus und auf Sicherheit. Kaufen, haben, noch mehr haben. Solche Sachen interessierten Dolores null. Mit einem Auto oder einem Chalet in Kitzbühel konnte man ihr nicht imponieren. Dabei war sie hundertmal attraktiver als diese gepflegten, gelackten, gestriegelten Weiber in meinem Umkreis. Und ihr Körper – ja, sie war dünn, genauso dünn wie die Frauen meiner Freunde, aber es war eine andere Art von dünn. Sie hatte den Körper einer Tänzerin, drahtig und athletisch. Sie war ihre eigene Person. Sie brauchte niemanden, sie war stark.«

Gut, überspringen wir fünf Jahre. Dolores und Gregor haben geheiratet. Sie haben zwei Kinder bekommen, zwei Söhne. Gregors Eltern besitzen mehrere Häuser, die sie vermieten. In einem davon bezieht die junge Familie eine Etage. Dolores gibt weiterhin Flamencounterricht und organisiert Veranstaltungen. Gregor ist immer dabei und hilft, die Musikanlage aufzubauen.

Wir springen weiter, nochmals fünf Jahre. Ein Kollege und Freund hat Gregor dazu überredet, Hamburg zu verlassen und in einer unterversorgten Kleinstadt eine tolle, moderne Praxis zu eröffnen. Dolores ist von diesem Projekt nicht begeistert, aber wenn sie sich widersetzt, tut Gregor das nur lachend ab als Teil ihrer »Zigeunervergangenheit«. Ob sie nicht langsam zu alt wird für diese alternativen Künstlerallüren, fragt er ein bisschen boshaft. Außerdem lebt diese Familie schließlich von *seiner* Verdienstkraft, und nicht von ihren Flamencokursen. Auf die nächsten Jahre kommt es an, das sind die Jahre, in denen man sich eine Basis für das ganze Leben schafft.

Gregor schickt Abschiedsbriefe an seine Patienten, schließt die Hamburger Praxis und bestellt den Möbelwagen. Dolores ist empört über diesen einseitigen Machtakt, aber sie hat eine Schwachstelle, die Gregor genau kennt: Sie kann Konflikte und Missstimmungen nicht ertragen. Dazu kommt: Ein Vater, der seine Sachen zusammenpackt und seine Familie verlässt, um ein bürgerliches Leben zu führen – wie ein schlimmes Déjà-vu-Erlebnis erinnern Gregors gepackte Koffer sie an die väterliche Flucht.

Dolores gibt nach. Und findet sich in einem Leben wieder, das sie nie haben wollte. Ja, die Praxis geht gut und sie leben in Wohlstand. Ja, Dolores kauft sich schöne Kleider, nimmt Reitunterricht mit den Söhnen, fährt in den Winterferien auf die Malediven. Das Geld dafür ist da, und Gregor ist stolz darauf.

Die Ehe läuft allerdings nicht sehr gut. Gregor hat einen Bekanntenkreis aufgebaut, mit dem Dolores wenig anfangen kann. Frauen gelten dort als Parasiten, als dekorative, aber lästige, nörgelnde Nutznießerinnen männlicher Kreditkarten: Sie lassen es sich gut gehen und jammern trotzdem die ganze Zeit. Doch darauf braucht ein Mann nicht zu achten – die bleiben schon wegen des Komforts, den ihre Männer ihnen bieten.

Gregor entwickelt mit der Zeit eine richtig hässliche, tyrannische Seite. Es ist fast so, als hätte sich seine Persönlichkeit gespalten – den netten, lustigen, unkonventionellen Gregor gibt es noch immer, doch dann blitzt plötzlich ein bösartiger Gregor hervor, der seine Frau in Anwesenheit anderer beleidigt und sie dauernd daran erinnert, dass *er* schließlich hier die Rechnungen bezahlt.

Mehrmals ist Dolores an dem Punkt, die Scheidung einzureichen. Von ihrer einstigen Zuneigung für Gregor ist nichts mehr da; es gibt Tage, an denen sie ihn regelrecht hasst, und zum Lachen hatte er sie schon lange nicht mehr gebracht.

»Mich hielt nur eines«, erklärt sie bitter, »die Tatsache, dass Besuchsrechtsituationen noch schrecklicher sein können. Besonders in unserem Fall. Er hätte jede meiner Erziehungsmaßnahmen unterlaufen, aus Bosheit und weil er sich die Liebe der Kinder gekauft hätte. Das hätte die Kinder kaputtgemacht, und meine Nerven auch.«

Da sie Gregor nicht mehr liebt und ihre Hoffnung auf eine harmonische Zweisamkeit begraben hat, hörte Dolores nun aber auch nicht mehr auf seine Ratschläge. Sie sieht keinen Sinn mehr darin, im Interesse ihrer Ehe irgendwelche Kompromisse zu schließen – die Ehe ist sowieso schon abzuschreiben.

Dolores distanziert sich innerlich von Gregor und auch von seinem Bekanntenkreis. Stattdessen kultiviert sie eigene Freundschaften. Und sie fängt wieder an zu arbeiten: als Aushilfslehrerin in einem Tanzstudio und als Assistentin im Theater. Daran hatte sie schon viel früher gedacht, aber Gregor hatte ihr das immer vehement ausgeredet. Du verdienst dort weniger, als uns die Babysitterin kostet, hatte er ihr vorgerechnet. Du machst dich lächerlich, das ist doch ein Job für Anfängerinnen. Wenn du in diesem Amateurladen arbeitest, ist es doch nur peinlich. Die Kinder sind wichtiger, kümmer dich lieber darum.

Jedes Mal, wenn Dolores einen Anlauf zum beruflichen Wiedereinstieg nahm, redete er es ihr wieder aus. Doch nun hat sie ihn ja abgeschrieben: ihn und seine Meinungen und seine Unterstützung und seinen guten Willen gleich dazu.

Manchmal wird Dolores fast wieder schwach. Als Neue, als Ersatzkraft bekommt sie die ödesten Kurse, die ungünstigsten Stunden. Finanziell lohnt es sich tatsächlich nicht. Doch bald spürt Dolores, dass sie auf dem richtigen Weg ist. Sie bemerkt, dass Gregors Unterstellungen falsch waren: Sie war keine Heuchlerin, die zwar so tat, als läge ihr nichts am gehobenen Lebensstandard, die ein sparsameres Leben aber gar nicht mehr führen könnte. Sie stellt fest, dass ihr an diesen Attrappen des Wohlstands wirklich nicht viel liegt. Ein Kräuterquark im Turnstudio schmeckt ihr besser als das Siebengängemenü im Feinschmeckerlokal.

Falls erforderlich, kann sie auf den von Gregor erarbeiteten Lebensstandard verzichten. Diese Gewissheit gibt ihr ein wohltuendes Gefühl der inneren Unabhängigkeit und Kraft für ihren langfristigen Plan. Sie will sich ein eigenes Leben aufbauen. Schon jetzt will sie sich innerlich von Gregor scheiden lassen, um dann, wenn die Kinder groß genug sind, diese Scheidung auch rechtlich und räumlich zu vollziehen.

Halbschritte erhöhen die Genauigkeit.*

Der Plan erfüllt sie zunächst mit bitterer Resignation – so lange muss sie noch warten, so lange muss sie sich von Gregor noch herabwürdigen lassen! Doch bald verliert diese Perspektive an Relevanz. Langsam, aber sicher arbeitet Dolores sich hoch. Sie hat nun ein ganz neues Umfeld. Hier versteht man sie, legt Wert auf ihre Meinung, respektiert ihr Talent. Sie profitiert von dem Umstand, den Gregor ihr immer spöttisch vorgehalten hat. Gerade weil sie älter, sesshafter und erfahrener ist als die junge Konkurrenz, die im Studio meist nur halbherzig für eine Weile herumjobbt, bekommt sie bald die anspruchsvolleren Kurse, die besseren Aufträge.

Springen wir ein letztes Mal, fünf Jahre später. Dolores und Gregor sind noch zusammen – oder sagen wir besser, sie sind wieder zusammen. Ihre Beziehung ist fast wieder so wie in den ersten Jahren – mit dem Unterschied, dass Dolores standfester ist und keine Angst vor Konflikten hat.

Empfindet Gregor manchmal noch den Impuls zu einer abschätzigen Bemerkung? Das werden wir wohl nie erfahren; er hat jedenfalls keine Gelegenheit dazu. Der neue Freundeskreis, Tänzerinnen, Künstler, Menschen vom Kulturhaus und Eltern aus der

* Aus: *Dorn/Bader Physik*

Tanzschule, würde auf solche Bemerkungen fassungslos reagieren, und Gregor mag diese Leute und will von ihnen nicht verachtet werden. Außerdem glaubt er mittlerweile selber nicht mehr, dass Dolores bloß wegen seines Einkommens bei ihm geblieben ist.

Sie hat ihr eigenes Leben. Sie ist aus der Tanzschule nicht wegzudenken, und die vierteljährlichen öffentlichen Veranstaltungen, die sie organisiert, sind Kernstücke des örtlichen Kulturlebens. Die stolzen Eltern der angehenden jungen KünstlerInnen, die in der Tanzschule auftreten, bilden ein riesiges Kontaktnetz – durch sie hat Dolores Zugriff zu allen Sparten der örtlichen Führungsschicht.

Zweimal jährlich besucht sie internationale Tanzveranstaltungen, zuletzt war sie in Barcelona. Mit dem spanischen Kulturinstitut betreibt sie ein Austauschprogramm. Sie hat viele gleich gesinnte Freunde, die in ihrem Haus ein südländisches Flair von Offenheit und Geselligkeit erzeugen. Ihre Kinder sind stolz auf sie, und Gregor nimmt interessiert an all diesen Aktivitäten teil, wie früher, in den Anfangsjahren ihrer Beziehung. In seiner Praxis hängen Plakate ihrer Vorstellungen. Er ist sehr gerne der »Zahnarzt mit dieser interessanten Frau«.

Gregor? Nicht sehr nobel hat er sich verhalten. Einfach den gemeinsamen Wohnort auflösen und woandershin übersiedeln, wo die Partnerin nicht hin will, einen ehemals unabhängigen Menschen demütigen, indem man ihm ständig seine finanzielle Abhängigkeit vorhält, das ist nicht nett. Aber die Physik interessiert sich nicht für »nett« und »nobel«. Sie interessiert sich für Kraft.

Jeder Körper, der eine Kraft auf einen anderen Körper ausübt, erfährt auch von diesem Körper eine Kraft. Auf jeden der beiden Körper wirkt also eine Kraft. Die beiden Kräfte sind gleich groß und entgegengesetzt gerichtet.*

---

*Aus: *Physik für Gymnasien*

Dolores hat wie alle Menschen Kraft, aber sie hat zunächst darauf verzichtet, sie auszuüben. Da die Menge an Kraft oder Energie in einem System aber stets gleich bleibt, ging diese Kraft an Gregor über, der somit über mehr Kraft verfügte, als es für ihn und die Beziehung gut war. Das System geriet aus dem Gleichgewicht, und aus Gregor wurde ein kleiner Tyrann. Wenn er zufrieden und glücklich gewesen wäre mit dem neuen Zustand in seiner Beziehung, mit seiner Macht und Dolores' Abhängigkeit, dann wäre sein seelischer Zustand ausgeglichen gewesen. Dann hätte er keinen Anlass gehabt, Dolores zu beleidigen und zu demütigen. Das tat er, weil auch er aus dem Gleichgewicht geraten und somit unzufrieden war.

Tyrannisches Verhalten verrät Unglück und Unzufriedenheit. Es ist außerdem provokativ – es provoziert den anderen, sich zu wehren, Widerstand zu leisten. Daraus spricht der instinktive Impuls aller Materie, ein verlorenes Gleichgewicht wiederherzustellen. Wäre Gregor lieb, nett und respektvoll gewesen, hätte Dolores viel länger gebraucht, endlich wieder ihre Energie zu finden. Er hat Druck ausgeübt, um ihren Gegendruck zu provozieren.

Wenn in solchen Situationen kein Gegendruck erfolgt, geht das System daran kaputt. Bei Menschen gibt es viele Arten des Kaputtgehens. Man kann krank werden oder depressiv. Es kann zu einer Trennung kommen oder zu einer völlig gestörten Beziehung.

So wie Dolores spüren manche Frauen irgendwann genug Druck, um zu erkennen, dass sie einen Fehler gemacht haben. Sie befinden sich an einem Ort, an dem sie nie sein wollten. Oft beginnen sie dann zu murren. Sie beschweren sich über die verwöhnten Kinder, den undankbaren Mann. Sie fühlen sich als Versagerinnen, verfallen in Depressionen.

Diese Reaktionen laufen ins Leere. Ein verlorenes Gleichgewicht kann wiederhergestellt werden, aber nicht durch Nörgeln. Nörgeln ist keine effektive physikalische Größe und keine sinnvolle Anwendung von Energie.

Warum handeln Frauen wie Dolores nicht schon früher, und warum reagieren sie auch dann zunächst oft nur mit Nörgeln oder ähnlichen Unmutsäußerungen?

Wir erinnern uns:

Die inneren Kräfte zwischen den Körpern eines Systems halten sich bezüglich des Systems das Gleichgewicht. Denn es gehört immer zur Kraft auf irgendeinen Körper des Systems die entgegengesetzt gleiche Wechselwirkungskraft auf einen anderen Körper des Systems.
Die Bewegung des Systems als Ganzes wird durch die äußeren Kräfte bestimmt.
Die Resultierende der äußeren Kräfte bewirkt die Bewegung des Systemschwerpunktes – wenn man von Drehungen und Verformungen des Systems absieht.

Wir haben also Dolores und Gregor. Durch die inneren Kräfte ihres Systems befinden sie sich anfangs im Gleichgewicht.

Dann haben wir aber auch noch die *äußeren Kräfte*. Dazu gehört Gregors Freund mit seinem ständigen Gerede über den hervorragenden Standort für die tolle neue Praxis. Dazu gehört die Wertung der umliegenden Gesellschaft, dass ein Zahnarzt seriöser ist als eine Flamencotänzerin, das Einkommen des Mannes wichtiger als der Nebenverdienst der Frau, die Meinung des Familienernährers schwerwiegender als die Meinung der Ehefrau und Mutter.

Schließlich haben wir noch die *Drehungen und Verformungen*. Dazu gehört die Kindheit von Dolores, der verschwundene Vater, den sie nicht noch einer zweiten Generation, ihren eigenen Kindern, zumuten wollte. Dazu gehört ihre Persönlichkeit, die offene Konflikte und Auseinandersetzungen scheut.

Dolores hat es aber geschafft, die äußeren Kräfte auszuschalten und die Drehungen und Verformungen geradezubiegen. Und eigentlich war das nicht so schrecklich schwer. Denn Dolores hat eine wichtige Entdeckung gemacht: Viele der Widerstände, die nach Kräften aussehen, sind in Wirklichkeit nur Scheinkräfte, hinter denen sich keine echten Kräfte verbergen, denn:

Scheinkräfte erkennt man daran, dass es zu ihnen keine Gegenkräfte gibt.

Dieses Kriterium ist enorm hilfreich, wenn wir echte Hindernisse von falschen Hindernissen unterscheiden wollen. Wenn das betreffende Hindernis Sie nicht wirklich objektiv aufhalten kann, wenn es keine tatsächliche Macht hat, Ihr Verhalten zu beeinträchtigen, wenn Sie also keine echte Gegenkraft aufbieten müssen, um es zu überwinden, sondern nur die psychische Kraft finden müssen, es zu ignorieren: dann handelt es sich um eine Scheinkraft. Und von einer Scheinkraft sollten Sie sich keinesfalls von Ihrem Weg abbringen lassen.

Es fällt Ihnen schwer, Standpunkte klar und deutlich auszusprechen? Und nach längerem Nachdenken kommen Sie darauf, woher das stammt? – Ihr Vater wollte während Ihrer Kindheit stets nur das liebe, schüchterne, kleine Mädchen in Ihnen sehen, und Sie haben das verinnerlicht.

Das ist eine Scheinkraft. Holen Sie tief Luft und sagen Sie klar Ihre Meinung. Das kleine Mädchen gibt es nicht mehr, Ihr Vater wollte Sie wahrscheinlich gar nicht auf Jahre hin behindern, und selbst wenn, so kann er gegen Ihr heutiges Zuwiderhandeln nichts mehr unternehmen.

Beschleunigte und verzögerte Bewegungen oder: Frauen in der Gesellschaft

Die Beschleunigung ist positiv, wenn die Geschwindigkeit mit der Zeit zunimmt. Dagegen ist die Beschleunigung negativ, wenn die Geschwindigkeit mit der Zeit abnimmt.

Auf einer Skala von 0 bis 10: Wie selbstsicher sind Sie? In welchen Situationen werden Sie nervös: Wenn Konkurrenten Sie kritisieren? Wenn Sie alleine ein Lokal betreten? Wenn Sie in einer reinen Männerrunde mitdiskutieren sollen? Und wie sieht es mit dem Privatleben aus? Haben Sie einen Mann? Wollen Sie einen? Was für einen? Falls Sie einen haben, wer ist der Boss: er, Sie oder keiner von beiden?

Fragen dieser Art stellten wir im Herbst 2000 einer repräsentativen Gruppe von 1319 deutschen und österreichischen Frauen im Alter zwischen 20 und 50 Jahren. Zweck dieser Studie* war es, herauszufinden, wie selbstsicher Frauen sich heute fühlen, wo sie besonders firm sind, welche Dinge sie noch ins Schleudern bringen – und wie sie über all das denken. Jeweils etwa eine Stunde dauerten die insgesamt 812 deutschen und 507 österreichischen

* Im Auftrag der Procter und Gamble Tochtergesellschaft Always wurde diese Studie in Deutschland vom Institut für Demoskopie Allensbach, in Österreich von der Ludwig-Boltzmann-Forschungsstelle für Politik und zwischenmenschliche Beziehungen, Wien, durchgeführt.

Interviews – Zeit genug, um in die Breite und Tiefe des aktuellen Frauenlebens und -denkens vorzustoßen.

Dabei ging es um objektive und subjektive Fragen. Wie lebten die Frauen – und wie dachten sie darüber? Was hatten sie – und was wollten sie? Dieses Spektrum gab uns die Möglichkeit, Wunsch und Realität miteinander zu vergleichen. Vor allem aber konnten wir in dieser Studie genau sehen, wer wie denkt. Berufstätige Frauen, die als Singles leben; Hausfrauen; Ganztagsberufstätige mit guten Ehen und zwei Kindern; Halbtagsbeschäftigte mit unsicheren Ehen und einem Kind – Deutschlands und Österreichs Frauen in ihrer gesamten demografischen Vielfalt verrieten ihre Meinungen und Gepflogenheiten:

Wer entscheidet in Ihrer Beziehung über welche Fragen? Wer macht bei Ihnen zu Hause was? Wer verdient wie viel? Sehen Sie bitte diese 20 Kärtchen durch – welche dieser Begriffe fallen Ihnen zum Thema Sexualität ein? Beruf, Kinder, Männer, Hausarbeit, Elternhaus, Freundinnen, Urlaub, Wohnstil – nichts wurde ausgelassen. Wir waren dabei sehr neugierig und nicht sehr diskret. Direkt, indirekt, mit Spielen, Zeichnungen und manchmal mit kleinen Tricks kitzelte diese Studie die Befindlichkeit der aktuellen Frau ans empirische Tageslicht.

Zunächst einmal wurde getestet, wie Frauen auf verschiedene Schlüsselbegriffe reagieren. Liebe, Mutterschaft, Geborgenheit – welcher Wunsch ließ ihre Herzen am höchsten schlagen? Der Überraschungssieger: *Selbstsicherheit*. Wo Frauen jene Dinge reihen mussten, die ihnen sympathisch und wichtig sind oder die sie haben wollen, überall dort stand Selbstsicherheit auf den Skalen ganz weit oben. 93 Prozent der deutschen Frauen geraten beim bloßen Begriff ins Schwärmen.

Frauen, die sich unsicher fühlen, hassen diese Empfindung und wünschen sich, selbstsicherer zu sein. Aber sogar Frauen, die sich als selbstsicher einstufen, wollen mehr davon. Mehr! 77 Prozent der Frauen wünschen sich zumindest in manchen Situationen mehr Selbstsicherheit, 22 Prozent sogar häufig. 60 Prozent der Frauen, die sich selber als eher unsicher einstufen, fühlen sich oft einer Situation nicht ganz gewachsen, gegenüber nur fünf Prozent der selbstsicheren Frauen.

Hier einige weitere Ergebnisse dieser Befragung:

	hohe Sicherheit 8–10	mittel 5–7	gering 1–4
Ihr Verhalten in Diskussionen:			
ich kann mich gut durchsetzen	76 %	42 %	11 %
ich halte mich eher zurück	17 %	46 %	76 %
unentschieden	7 %	12 %	13%
Sind Sie zufrieden mit Ihrem jetzigen Leben?			
zufrieden	65 %	53 %	29 %
hätte gerne manches anders	31 %	39 %	60 %
unentschieden	4 %	8 %	11 %
Wären Sie gerne selbstsicherer?			
ja, oft	5 %	32 %	60 %
nein	39 %	10 %	5 %

Der Begriff Selbstsicherheit mag ein wenig abstrakt klingen, im Vergleich zu den vielen konkreteren Dingen, nach denen Frauen sich sehnen könnten, oder auch im Vergleich zu »kuscheligeren«, romantischeren Wünschen. Aber wenn Frauen der Selbstsicherheit einen so hohen Wert beimessen, zeigen sie einen guten Instinkt. In dieser Studie belegt Zahl für Zahl, Prozentsatz für Prozentsatz den absolut zentralen Wert von Selbstsicherheit im Frauenleben.

Selbstsichere Frauen sind glücklicher. Sie fühlen sich rundum wohler und es geht ihnen überall besser. Wenn sie es nur schaffen, selbstsicher zu sein und selbstsicher aufzutreten, dann folgen alle anderen guten Dinge fast von selber. 65 Prozent der sehr selbstsicheren Frauen sind insgesamt mit ihrem Leben zufrieden, dagegen nur 29 Prozent der Frauen mit geringer Selbstsicherheit. Der gute Flaschengeist muss Frauen gar keine drei Wünsche erfüllen, sondern nur einen einzigen: mehr Selbstsicherheit.

Die Ergebnisse der Studie werfen so manche kleine und größere Bombe in lang gehegte Geschlechterannahmen.

Männer umschwärmen die schüchterne Fee mit dem zaghaften Stimmchen und dem schmeichelnden Augenaufschlag? Und daher ist es wichtig, sich in Anwesenheit von Männern ein wenig zurückzunehmen, ein bisschen kleiner zu machen, um ihren Beschützerinstinkt zu wecken und sie nicht abzuschrecken? Denkste. Das beste Liebesleben hat die selbstsichere Frau.

In jedem Mann steckt ein Pascha und deswegen wird derjenige Ehemann am zufriedensten und fürsorglichsten sein, dem eine hingebungsvolle, ihn anhimmelnde Hausfrau ein kuscheliges Heim bereitet? Forget it – die selbstsichere Ganztagsberufstätige hat den anhänglichsten, entgegenkommendsten Mann.

Sie haben mit Ihrem Partner vereinbart, dass er zwar das Geld verdienen und mit Volldampf Karriere machen wird, während Sie zurückstecken, dass er Sie aber dessen ungeachtet als absolut gleichwertiges Gegenüber respektieren und sein Geld als Ihr Geld betrachten wird? Ja, und am 24. Dezember kommt der Weihnachtsmann – für voll genommen werden und ein gleiches Stimmrecht in ihrem Privatleben haben diejenigen Frauen, die ein eigenes Einkommen und, Sie erraten es, viel Selbstsicherheit vorweisen können.

Die gewonnenen Daten zeigen ganz unmissverständlich, wo es für Frauen langgeht. Mit der Präzision einer mathematischen Formel können wir aus den Zahlen dieser Studie das Rezept für Glück im Privatleben, für Erfolg in der großen, weiten Welt und für umfassendes Wohlfühlen in der eigenen Haut erstellen. Frauen mit netten Eltern, höherer Schulbildung und Ganztagsjob schneiden rundum und überall besser ab: in der Liebe, im Job, in der Familie, in der Welt. Sie quälen sich weniger mit Selbstzweifel, sprechen flüssiger in Diskussionsrunden, bekommen mehr

Hilfe in der Hausarbeit, haben mehr Spaß im Bett. »Them that has, gets« sagt ein amerikanisches Sprichwort: Diejenigen, die sowieso schon viel haben, bekommen noch mehr. Es ist fast schon ungerecht.

Allerdings, wenn wir es nicht in Form eines Sprichwortes formulieren, sondern wissenschaftlich, dann erscheint das Ergebnis nur logisch. Gute Startbedingungen plus starke Verhandlungsposition plus Selbstsicherheit ist gleich eine Person, die sich ihres Wertes bewusst ist und Optionen hat. Schlechte Startbedingungen plus schwache Verhandlungsposition plus geringe Selbstsicherheit ist gleich ein Mäuschen, mit dem andere Menschen Schlitten fahren – oder noch etwas abstrakter:

Wenn man zum Beispiel das Fahrbahnende leicht anheben würde, nähme nach dem Anstoß die Geschwindigkeit des Gleiters proportional zur Zeit ab. Man spricht dann von einer gleichmäßig verzögerten Bewegung.

Nicht nur das individuelle Schicksal und die individuelle Persönlichkeit spielen hier eine Rolle. Grundlage für alles ist, wie es den Frauen insgesamt gesellschaftlich geht. Auch damit musste die Studie sich daher befassen. Das Ergebnis: viel Fortschritt, aber noch viel zu tun.

Im Bereich Privatleben und Sexualität ist der Fortschritt der Frauen besonders deutlich. Hier haben sie echte Triumphe erlebt. Die sexuelle Revolution mag auch ihre negativen Seiten haben, ihre heimtückischen Bumerangs für Frauen. Noch weniger sexuelle Verantwortlichkeit für Männer, noch mehr lässige Rechtfertigungen für Untreue, noch mehr Leistungsdruck für alle – stimmt. Aber in vieler Hinsicht erweist sich die sexuelle Revolution im Spiegel dieser Studie trotzdem als großer Erfolg.

Die alten negativen Assoziationen zur Sexualität sind ersatzlos gestrichen, viele Vorurteile spurlos verschwunden, und keine von uns trauert ihnen nach. Unendlich viel Schrott ist verdientermaßen im Mülleimer der Geschichte gelandet. Es ist noch gar nicht so lange her, noch in den 60er-Jahren war es so, da wurde eine unverheiratete Frau schief angesehen. Warum wollte die keiner? Die hatte wohl irgendeinen Makel. Eine unserer Volksschullehrerinnen, eine große, eindrucksvolle Frau von etwa 40 Jahren, mit sportlichem Körperbau, technischer Begabung und endloser Energie, lief noch unter dem zierlichen Titel »Fräulein«. Eine »kinderlose« Frau wurde damals noch bedauert; die Möglichkeit, dass sie vielleicht absichtlich diesen Weg ging, kam keinem in den Sinn. So lange her ist es auch nicht, da gab es noch Begriffe wie »eheliche Pflicht« und die Vorstellung, dass Frauen sowieso kaum an Sex interessiert sind. Und es gab eine Doppelmoral, die Männern fast alles und Frauen fast nichts nachsah.

Diese Zeiten sind, in Deutschland und Österreich jedenfalls, vorüber. Nicht einmal als Gedankenspiel können Frauen mit diesen veralteten Ideen mehr etwas anfangen; als diese Begriffe im Fragebogen auftauchten, waren sie perplex. Eine Spur mehr geschiedene Frauen als verheiratete Frauen stellten bei negativen Begriffen wie Gewalt oder Pflicht einen Zusammenhang zur Sexualität her – das lässt auf unerfreuliche Erfahrungen schließen, aber immerhin haben sie sich aus diesen Situationen entfernt.

Was Frauen heute, in einem Wort zusammengefasst, haben: Optionen. Sie können unter verschiedenen Lebensformen wählen und dabei trotzdem einen respektierten Platz in der Gesellschaft einnehmen. Das spiegelt sich deutlich in der Weigerung von Frauen, Urteile über Lebensentscheidungen abzugeben. Was sie zum Beispiel von »Singles« halten? Eine Mehrheit der Frauen kann oder will diese Frage schlichtweg nicht beantworten. Für manche Frauen ist es toll, alleine zu leben, andere würden sich dann vielleicht einsam fühlen – das ist das Maximum an Urteil, das man von Frauen hören wird. Der modernen Frau kommt es gar nicht mehr in den Sinn, die persönliche Lebensgestaltung anderer Frauen kritisch abzulehnen.

Noch interessanter ist, daß »Partnerschaft« und »Ehe« eine deutliche Weggabelung erreicht haben. Eine gute, innige, harmonische, exklusive Beziehung zu einem männlichen Lebenspartner mit allem, was dazugehört: Treue, Vertrauen, Gemeinsamkeit, Verbindlichkeit, das wollen die meisten Frauen gerne haben. Liebe, Freunde, Familie, diese Dinge sind den Frauen äußerst wichtig.

Nicht so die Ehe. Dieser Institution stehen Frauen inzwischen recht skeptisch gegenüber, ein großer Unterschied zu früheren Jahrzehnten. Wenn es unser Job wäre, Institutionen zu erfinden, würden wir diese durch eine andere ersetzen. Frauen wollen dauerhafte Beziehungen zu Männern, aber mit der Ehe haben sie historisch schlechte Erfahrungen gemacht und sie stehen ihr misstrauisch gegenüber.

Frauen sind stark im »Nahkampf«

Sportlich optimal betätigen können sich die Frauen offenkundig im Nahkampf. Hier können sie sich am besten durchsetzen. Das gilt sowohl im zwischengeschlechtlichen Bereich als in sozialen Situationen generell.

In ihren »Eins-zu-eins-Interaktionen« und »-Konfrontationen« mit Männern fühlen Frauen sich mittlerweile recht sicher. Sie haben auch nicht mehr den Eindruck, in kleineren Runden von Männern »niedergeredet« zu werden.

78 Prozent aller Frauen, die in einer Beziehung leben, fühlen sich dort zufrieden. Die meisten haben auch das Gefühl, zu Hause in einer Demokratie zu leben, in der entweder keine Seite das letzte Wort hat oder die Partner sich in dieser Rolle abwechseln. Nur eine kleine Minderheit (elf Prozent) beklagt sich noch darüber, vom Partner dominiert zu werden – und gleich viele Frauen geben an, dass sie selber in der Beziehung den dominanteren Part spielen.

Schwieriger wird es für Frauen erst in größeren Gruppen oder in anonymeren Situationen, und in der breiten Öffentlichkeit generell. »Wenn ich vor anderen reden muss« und »Wenn andere mich kritisieren« sind zwei Situationen, vor denen viele Frauen zurückschrecken, die sie gerne souveräner meistern möchten.

Wo die guten Männer sind

Falls Sie einen tollen Mann ergattern wollen: Diese Studie zeigt Ihnen, wie und wo. Auf die halb ironisch gestellte Frage vieler Frauen »Wo stecken sie bloß alle, die guten Männer?« halten unsere Tabellen eine Antwort bereit. Diese Männer sind reserviert – für eine bestimmte Art Frau. Ja, und zwar sind es die Frauen mit höherem Schulabschluss, mit Ganztagsjob und selbstsicherem Auftreten, die sich diese Prachtexemplare unter den Nagel reißen. (Was Ihnen bei Ihrer Suche übrigens weniger nutzen wird: eine tolle Frisur, eine entgegenkommende Art und die Bereitschaft, ganz oder zumindest halbtags daheim zu bleiben und dem Liebsten das Leben zu erleichtern.)

Nach beidseitiger 40-Stunden-Woche plaudern diese Paare dann noch partnerschaftlich über ihren nächsten Urlaub und waschen dann rasch noch gemeinsam das Geschirr ab, ehe sie sich zurückziehen und zu allem Überfluss auch noch ihrem besseren Liebesleben hingeben.

Überrascht? Es könnte theoretisch ja auch anders sein. Es hätte sich zum Beispiel herausstellen können, dass traditionelle Ehen weniger Stress produzieren, weil jeder seine Arbeit und seinen eigenen Bereich hat. Oder es hätte so sein können, dass Frauen mit geringerer Selbstsicherheit auch weniger Ansprüche stellen und daher auch zufriedener sind.

Diese Mutmaßungen hört man heute noch aus konservativen Kreisen: dass zu viel Bildung die Frauen unzufrieden macht, weil sie dann grandiose Ideen entwickeln und Forderungen stellen, während sie früher bescheidener und auch glücklicher waren. Und dass traditionelle Familien besser funktionierten, weil nicht dauernd irgendwelche Machtfragen und Zuständigkeiten ausgehandelt werden mussten.

Das jedenfalls scheint nicht zu stimmen. Demut, Bescheidenheit und Glück – diese drei Dinge passen einfach nicht zusammen. Am unzufriedensten mit ihrer Ehe oder Beziehung – nämlich deutliche 44 Prozent aller Befragten – sind Frauen mit niedriger Selbstsicherheit.

Vorsicht, Glatteis

Es gibt eine Reihe von Situationen, die Frauen ganz besonders nervös machen, die sie gar nicht mögen. Die häufigsten Nennungen hierfür:

Da fühle ich mich manchmal unsicher:	(in Prozent; alle Frauen zwischen 20 und 49)
Wenn ich kritisiert werde	70
Wenn ich mal nicht ganz passend angezogen bin	67
Wenn ich vor anderen reden soll	65
Wenn ich in eine Runde komme, wo ich kaum jemanden kenne	64
Wenn ich merke, dass jemand anderes größeres Wissen hat als ich	57
Wenn ich mit jemandem zusammentreffe, der mich nicht mag	55
Wenn ich allein in ein Lokal komme	50

Einige dieser Punkte sind wahrscheinlich geschlechtsunabhängig. Wer lässt sich schon gerne kritisieren – Männer sicher auch nicht. Sprechen vor anderen, die Aufmerksamkeit eines Publikums auf sich gerichtet wissen, es gibt wohl auch genug Männer, die das unbequem finden. Frauen haben aber den Eindruck, dass sie sich damit ganz besonders schwer tun und dass Männer zumindest besser bluffen können und daraus große Vorteile ziehen.

Krisenherd statt Heimchen am Herd

Wenn wir alle befragten Frauen zusammennehmen, kam in dieser Untersuchung die »Durchschnittsfrau« zu Wort. Und diese Durchschnittsfrau urteilt über grundsätzliche gesellschaftliche Bereiche viel radikaler, als wir das vielleicht vermuten würden – sie fasst es bloß nicht in eine radikale Sprache.

69 Prozent der deutschen Frauen finden, dass die Gleichberechtigung noch nicht hinreichend durchgesetzt ist, dass da noch viel getan werden muss. Das ist eine hohe Zahl, ehrlich gesagt höher, als wir das vermutet hätten. Vier Dinge erregen den besonderen Unmut der Frauen: die Verdienstchancen von Frauen im Vergleich zu Männern (80 Prozent sind damit unzufrieden), die Chancen von Frauen, die Politik zu beeinflussen (68 Prozent fühlen sich dort nicht hinreichend vertreten), die ungleich kritischere Bewertung von weiblichem gegenüber männlichem Verhalten (60 Prozent finden das ungerecht) und die Kirche insgesamt (59 Prozent beten für Besserung).

Das ist ein gewaltiges Vertrauensdefizit, das sich auf alle Grundbereiche dieser Gesellschaft erstreckt: Wirtschaft, Politik, Soziales, Religion. Die genannten Zahlen sind nicht zu unterschätzen – wenn mehr als die Hälfte einer Gruppe eine Beschwerde hat, dann ist es erfahrungsgemäß nur eine Frage der Zeit, bis der Ärger sich Luft macht und ein politisches Ventil findet.

Im Fall der Frauen liegt dieses Unruhepotenzial noch brach, weil keine Partei oder Bewegung sich dem Thema angenommen hat. Vom Feminismus fühlt das Gros der Frauen sich nicht richtig verstanden und nicht gut vertreten. Gegnern dieser Bewegung ist es gelungen, ihr ein schlechtes Image zu verpassen, das bei der durchschnittlichen Frau gegriffen hat – doch sie sollten sich nicht zu früh freuen. Frauen lehnen zwar das Label ab, aber keinesfalls den Inhalt.

Ein besseres Urteil sprechen Frauen im Übrigen den Bereichen Sport, Medien und Bildung zu. Dort, meinen sie, sind zufrieden stellende Erfolge erzielt worden.

Auf in die Firma

Wer selbstsicher sein möchte, braucht einen Beruf – darin sind sich berufstätige und nicht berufstätige Frauen mit großer Mehrheit einig. Dagegen meint nur ein Drittel der Frauen, dass man zur Selbstsicherheit einen Partner braucht.

Diese Aspekte nannten Frauen als Bausteine der Selbstsicherheit: eigenes Geld, beruflicher Erfolg, ein Beruf überhaupt, guter Verdienst. Erst danach kamen Partner und Kinder.

So weit die Einschätzung, aber stimmt sie? Die Studie erlaubt uns, einen Check zu machen. Welche Frau ist »sehr selbstsicher«? Den Beruf und seine Begleiterscheinungen, nämlich eigenes Geld, Qualifikation und Bestätigung, an erste Stelle zu setzen scheint sich mit den Fakten zu decken. 53 Prozent der voll Berufstätigen, 43 Prozent der Teilzeitbeschäftigten, aber nur 38 Prozent der Hausfrauen fühlen sich sehr selbstsicher.

Dass ein Beruf neben dem Geld – nicht zu verachten, denn das Geld freut 88 Prozent der Frauen an ihrem Job am meisten – auch eine ganze Reihe anderer Vorteile bringt, auch darin herrscht Übereinstimmung. Frauen finden, dass ihr Beruf Abwechslung in ihr Leben bringt (78 Prozent), dass sie dadurch unter die Leute kommen (68 Prozent), dass ihre Leistung anerkannt wird (67 Prozent) und dass es »einfach Spaß macht«, in die Arbeitswelt integriert zu sein. Negativmeldungen sind hier selten, obwohl viele Frauen erkennen, dass ihr Beruf sie »sehr viel Kraft« kostet.

Selbstsicherheit beginnt im Elternhaus

Selbstsicherheit ist vielleicht zum Teil auch angeboren, aber auf jeden Fall ist sie in weiten Teilen anerzogen. Selbstsichere Frauen beschreiben ihre Kindheit deutlich anders als weniger selbstsichere Frauen. Wenn das Mädchen in einer Familie aufwuchs, in der viel miteinander gelacht wurde, in der Selbstständigkeit ein erklärtes Erziehungsziel war und in der der Vater ein netter Kerl und Kumpel war, wird aus ihm viel eher eine selbstsichere Frau. Wer hingegen einen autoritären Vater hatte und streng erzogen wurde, erholt sich davon nicht so schnell, manchmal gar nicht.

Andere Dinge – etwa eine Scheidung der Eltern – lassen sich besser verarbeiten, wenn das Familienklima insgesamt gut ist und zumindest ein Elternteil der Tochter nahe steht.

Neue Männer gern gesehen

Aus einer langen und vielfältigen Wunschliste sollten unsere Frauen die fünf Eigenschaften wählen, die sie bei Männern am meisten schätzen. Auffallend war, dass die klassischen Klischee-Eigenschaften des »tollen Mannes« kaum gefragt waren. Ehrgeiz, ein starker Wille, ein souveränes Auftreten, das ließ unsere Interviewpartnerinnen eher kalt. Es waren andere Punkte, die in ihren Hitlisten oben standen (Zahlenwerte in Prozent, geltend für die in Deutschland befragten Frauen):

Was Frauen an Männern besonders schätzen:

Treue	77
Dass man ihm Vertrauen kann	71
Ehrlichkeit	67
Wärme, Herzlichkeit	57
Humor	52
Dass er Gefühle zeigen kann	51
Einfühlungsvermögen	48
Intelligenz	45
Selbstsicherheit	29
Freundliche, offene Art	29
Bereitschaft, sich zurückzunehmen und nachzugeben	25
Sensibilität	23
Kontaktfreude	20
Gutes Aussehen	19
Interesse an Menschen	19
Ehrgeiz	16
Dass er in Jeans und Smoking eine gute Figur macht (»Ein Mann für alle Fälle«)	16
Starker Wille	14

Und übrigens: Den Hausmann, den halten Sie vielleicht für eine Witzfigur? Nicht in den Augen der österreichischen Frauen – die fänden einen solchen Typ ausgesprochen sympathisch. Daher Achtung, deutsche Männer: Hier tut sich eine echte Marktlücke auf für experimentier- und reisefreudige Herren. Kochbuch eingepackt, Ski aufs Autodach und, hopp, über die Alpen mit euch! Die Wienerinnen warten schon.

Männer und Frauen im Vergleich

Bezüglich der Selbstsicherheit erleben Frauen Männer immer noch als das stärkere Geschlecht. Da haben Männer einfach einen Vorsprung, glauben Frauen. Männer haben weniger Selbstzweifel, gefallen sich besser, haben einen günstigeren Habitus – und wenn sie das alles nicht haben, dann können sie immerhin noch besser so tun, als ob.

Den Vater stufen Frauen für selbstsicherer ein als die Mutter, den eigenen Partner halten sie für selbstsicherer als sich selber. In unseren Begleitinterviews zeigte sich, dass Frauen die Männer um diesen vermeintlichen Vorteil enorm beneiden. Ein stabileres Ego ist ein Startvorteil, glauben Frauen, der den Männern irgendwie mit in die Wiege gelegt wird. Eine Frau schilderte uns zur Illustration die Szenerie, wenn sie als Eltern und ihre zwei Söhne abends ausgehen. »Die drei Männer werfen alle noch einen zufriedenen Blick in den Spiegel und gefallen sich. Und ich steh verzweifelt da mit dem Kamm in der Hand und denke mir, oh Gott, wie siehst du schon wieder aus?«

Weniger schmeichelhaft werden Männer vermutlich einen anderen Geschlechtsunterschied finden, den Frauen zu konstatieren glauben. Männer, meinen sie, sind von Statussymbolen abhängiger (nämlich zu 57 Prozent) als Frauen (sich selber stufen sie nur zu 16 Prozent so ein). Dafür geben die Frauen zu, dass ihr Aussehen ihnen wichtiger ist als den Männern und dass ihre Selbstsicherheit vom Verhalten des Partners abhängiger ist als umgekehrt.

Wo, bitte, geht's zur Selbstsicherheit?

Frauen wollen etwas aus sich machen, das ist bekannt. Doch längst ist dieser Wunsch nicht mehr auf die Maniküre oder den Friseurladen beschränkt. Den modernen Frauen geht es in erster Linie um ihre Wirkung in der Öffentlichkeit. Gäbe es einen Salon für mehr Selbstsicherheit, die halbe deutschsprachige Frauenbevölkerung würde sofort einen Termin vereinbaren. Ihre mangelnde Selbstsicherheit in öffentlichen Situationen empfinden Frauen als echtes Manko. Ihre zwei häufigsten Wünsche, um daran zu arbeiten, sind deshalb Schulungen darüber, wie man die eigenen Fähigkeiten am besten einsetzt, und Rhetorikkurse.

Vor allem haben viele Frauen das Gefühl, dass Frauen anders und kritischer beurteilt werden als Männer. Das macht sie nervös. Selbstsicheres Auftreten, fürchten sie, ist ein Balanceakt: Zu viel Selbstbewusstsein, und es wird der Frau gleich als Arroganz ausgelegt.

Übrigens: Auf einer Skala von 1 bis 10 stufte sich die durchschnittliche Frau bezüglich ihres Selbstbewusstseins beim Wert 7 ein. Wo sehen Sie sich hier? Wenn Sie sich in diesem Bereich noch verbessern wollen, denken Sie an Folgendes:

1. Selbstsicher »ist« man nicht, man »wird« es. Selbstsicherheit können Sie genauso lernen wie die Schrittfolge beim Tango oder die Französischvokabeln in der Sprachenschule. Reden Sie sich bloß nicht ein, dass Sie eben ein »schüchterner Typ« sind, dass Sie Kritik schlecht vertragen, dass Sie niemals eine souveräne Rede halten werden. Das alles kann gelernt werden, und zwar am besten von drei Quellen: von Frauen, die es gut machen und Ihnen einen Rat geben; von Kursen; von Büchern. In dieser Reihenfolge.
2. Der Weltuntergang kommt nicht so schnell, wie viele Frauen glauben. Versuchen Sie sich ein bisschen abzuhärten. Angst vor Peinlichkeit, Angst vor Kritik und Angst vor Ablehnung – das hält Frauen unnötig zurück. Lassen Sie Dinge an sich abprallen. Hören Sie auf, kleine Fehler so maßlos zu überschätzen.
3. Sind Sie noch in der Schule oder in der Ausbildung? Lernen Sie fleißig. Frauen mit guter Schulbildung sind glücklicher, viel selbstsicherer und kriegen die netteren Männer.
4. Arbeiten Sie ganztags? Weiter so. Viele Frauen meinen, dass eine Halbtagsbeschäftigung ihnen mehr Zeit für die Beziehung

lassen wird, dass alles besser ausgehen wird, wenn zumindest ein Partner zeitlich flexibel ist. Manche Frauen überlegen sogar, den Job hinzuschmeißen und zu Hause zu bleiben, um ganz für ihre Familie da zu sein. Diese Rechnung geht mit Sicherheit nicht auf. Die besten, glücklichsten, stabilsten Beziehungen haben die Frauen, die ihre Beziehung als partnerschaftlich und demokratisch beschreiben, die eine höhere Schulbildung haben und einen Job, den sie ganztags ausüben.

5. Unglücklich sein ist Gift für die Selbstsicherheit. Wenn Ihre Situation Sie unglücklich macht, dann müssen Sie raus, je schneller, desto besser. Unglücklich sein zehrt an Ihrer Kraft und nimmt Ihnen den Mut. Sie dürfen ruhig etwas wagen, denn die Erfahrung der überwältigenden Mehrheit von Frauen zeigt: Nach einem Einbruch oder einer einschneidenden Veränderung wird es fast immer besser als zuvor. Frauen lernen aus ihren Fehlern und Rückschlägen und ziehen letztlich erhöhte Selbstsicherheit daraus.

Physik für Ihr Leben – Praktische Anwendungen

Keine Physik ohne Experimente – das wissen Sie sicher noch aus der Erinnerung an die vielen (un)glücklichen Stunden im Physiksaal. Wir haben in den vorangegangenen Kapiteln wichtige Gesetze und Erkenntnisse der Physik neu kennen gelernt. In diesem abschließenden Kapitel geht es nun darum, diese Einsichten mittels praktischer Übungen experimentell zu vertiefen.

Energie

Sind Sie müde? Überlastet? Haben Sie mitunter das Gefühl, mehr als ihren gerechten Anteil der anfallenden Arbeiten zu leisten? Wo ist Ihre Energie geblieben? Das werden wir bald herausfinden.

Was als Wärmeenergie an die Umgebung abgeführt wurde, muss als Verlust an mechanischer Energie gewertet werden.
Energie tritt in verschiedenen Existenzformen auf. Sie kann von einer Form in eine andere umgewandelt werden.
Energie geht weder verloren noch entsteht sie neu, sie tritt nur mit unterschiedlichen Anteilen auf.

In diesem ersten Schwerpunkt geht es darum, Ihre Energie wieder ins Gleichgewicht zu bringen. Zwei Voraussetzungen müssen dafür gegeben sein:

- Wärmeenergie und mechanische Energie müssen gleich hoch sein und
- die Energie, die Sie erhalten, muss gleich sein mit der Energie, die Sie geben.

Wärmeenergie ist Energie, die mit Emotionen und Befindlichkeit zu tun hat. Beispiele für das Spenden von Wärmeenergie sind:

- am Sonntagvormittag einen gemütlichen Brunch vorbereiten,
- empathisch zuhören, wenn der andere ein Problem hat,
- gute Stimmung verbreiten und andere aufheitern,
- anderen etwas abnehmen, wenn diese gerade überlastet sind.

Das heißt, Handlungen, die in der anderen Person ein Gefühl von Wärme, Geborgenheit und Glück erzeugen, bedeuten bei der »gebenden« Person eine Abgabe von Wärmeenergie. Die klassischen weiblichen Beschäftigungen mit Kindern und im Haushalt, aber auch die Rolle der Frau in Beziehungen fallen weitestgehend in den Sektor der Wärmeenergie. Mechanische Energie ist dagegen Energie, die Sie einem konkreten persönlichen Ziel näher bringt.

Wichtig: Im Zweifelsfall entscheidet der *Zweck*. Wenn Sie ins Fitnessstudio gehen, weil Sie dünner und schöner werden wollen, damit Ihr Mann nicht mehr »Pummelchen« zu Ihnen sagt, dann hat das mit Wärmeenergie zu tun. Wenn Sie ins Fitnessstudio gehen, weil Sie Ihren Kreislauf stärken wollen oder weil Sie gefährlich nahe am Gewichtslimit für Ihren Beruf sind (beispielsweise als Stewardess), dann geht es um mechanische Energie.

Es ist bedeutsam, diese Unterscheidung korrekt zu treffen. Viele Frauen spüren, dass sie ein großes Manko an mechanischer Energie in ihrem Leben haben. Sie kompensieren dieses Manko mit Aktivitäten, die nach mechanischer Energie aussehen, aber keine mechanische Energie sind. Handarbeiten zum Beispiel sieht nach mechanischer Energie aus, weil es eine Tätigkeit mit einem sichtbaren Ergebnis ist. Wenn das Häkeldeckchen dann aber zur Verschönerung der Wohnung auf dem Kaffeetisch liegt, dann war das in Wirklichkeit ein Produkt der Abgabe von Wärmeenergie.

Weil Frauen so vertraut sind mit Wärmeenergie, versuchen sie diese Energie oft in mechanische Energie umzuwandeln. Um beruflich voranzukommen, versuchen sie zum Beispiel besonders nett, angenehm und hilfsbereit zu sein.

Aber merke: *Es ist nicht möglich, Wärmeenergie für sich selber in mechanische Energie umzuwandeln.*

Was Sie stattdessen mit dieser Strategie erreichen: Andere (der Chef oder andere Mitarbeiter) nehmen diese Wärmeenergie auf und gewinnen dadurch *für sich selbst* einen Zuwachs an mechanischer Energie.

Eine weitere weibliche Fehlkalkulation ist, dass die Abgabe von Wärmeenergie automatisch eine Rückzahlung mit gleicher Wärmeenergie bewirkt. Auch das ist – nicht nur physikalisch – falsch.

Beispiele für authentische mechanische Energie sind: ein Fortbildungsseminar besuchen, eine Dissertation schreiben und praktisch jede Art von Berufstätigkeit, die ein Einkommen bringt.

Der überwiegende Teil der Energie, die Männer aufwenden, ist mechanische Energie.

Es ist sehr nützlich, sich ein besseres Bild von der eigenen Energieverteilung zu verschaffen. Nehmen Sie dafür ein Blatt Papier und ziehen Sie in der Mitte eine Trennungslinie. Links notieren Sie alle Tätigkeiten Ihrer Woche, die in die Kategorie Wärmeenergie gehören, rechts listen Sie Ihre mechanische Energie auf. Wie ist das Verhältnis?

Insbesondere im Hinblick auf Wärmeenergie ist es sehr hilfreich, die eigene Energiepolitik gut im Blick zu haben. Nehmen Sie den gestrigen Tag. Was haben Sie getan, um die Befindlichkeit anderer Menschen zu verbessern? Und was haben andere getan, um Ihre Befindlichkeit zu verbessern? Steht beides in einem ausgeglichenen Verhältnis?

Wenn Frauen spüren oder feststellen, dass dieses ausgewogene Verhältnis *nicht* gegeben ist, reagieren Sie meist mit Vorwürfen – verständlich, aber ineffektiv. Stattdessen müssen zwei andere Dinge passieren:

Erstens muss die Frau ihre eigene Einstellung korrigieren. Sind die Dinge, die sie für andere tut, überhaupt notwendig und erwünscht? Viele Frauen leiden unter einer Interventionsmanie. In Gegenwart eines männlichen Beziehungspartners verfallen sie in einen umfassenden Überbetreuungsrappel. Er kann gar nichts tun, ohne dass sie nicht schon einen Weg sieht, die Sache für ihn besser, schneller, schöner, richtiger und billiger zu erledigen.

Warum tun Frauen das? Teilweise, weil sie wirklich eine erhöhte Alltagskompetenz haben – eine fatale Begabung, die sie am besten für sich behalten oder auf andere Lebensbereiche umlenken sollten. Und teilweise mit dem Ziel, sich unentbehrlich zu machen.

Diese zweite Taktik funktioniert überhaupt nicht. Energiepolitik hat mit Liebe nichts zu tun. Verlieben wir uns in Saudi-Arabien, weil dort so nützliche Ölfelder liegen? Kein Mann – zumindest keiner, den Sie haben wollen – verliebt sich in Sie und bleibt für immer und ewig bei Ihnen, weil Sie eine bessere Putzfrau kennen und ihn an die Geburtstage seiner Geschwister erinnern.

Zweitens muss die Frau konkrete Schritte setzen, um ein faires energiepolitisches Abkommen zu treffen. Unerklärlicherweise widerstrebt es vielen Frauen, das zu tun. Sie halten lieber Vorträge über das Prinzip der Gerechtigkeit, statt einen klaren Plan zur Erreichung dieser Gerechtigkeit auszuarbeiten.

Eine Frau, die es besser macht, ist Emma, 34 Jahre alt und Sachbearbeiterin in einem großen Reisebüro. Nach ihrer Scheidung von einem sehr traditionellen Mann entschied sie, es beim nächsten Mal klüger anzupacken.

»Ich habe zum Beispiel beschlossen, keine Dienstleistungen zu übernehmen, die mich nicht selbst betreffen. Und ich selber habe keine Bügelwäsche. Ich kaufe mir nur Sachen, die man nach dem Waschen einfach aufhängt und nicht bügeln muss. Dann hab ich noch ein paar schöne Kostüme, die müssen sowieso in die Reinigung.«

Ihr Mann hingegen ist Rechtsanwalt, arbeitet also in formelleren Zusammenhängen. Er muss jeden Tag ein gebügeltes und gestärktes Hemd tragen, oft sogar zwei, weil er abends noch Termine hat. Er lässt seine Hemden in seinem eigenen Geschäft bügeln und macht seine Wäsche selber. Wie Emma in ihrem Umfeld beobachtet, ist dieses doch sehr logische Arrangement relativ unüblich. »Frauen übernehmen unglaublich viel an Alltagsbanalitäten und blockieren damit ihre Energien und Möglichkeiten«, merkt sie an.

Was den gemeinsamen Teil des Haushalts betrifft, so stand von Anfang an fest, dass sich beide in gleichem Masse daran beteiligen sollten. Trotzdem sagt Emma:

»Obwohl wir diese klare Regel gemacht haben, dass wir grundsätzlich den Haushalt zusammen aufräumen, dass ich grundsätzlich einkaufe und er grundsätzlich kocht, gab es doch immer wieder Crashs und Konflikte. Und ich stand da als Jammerweib mit dieser typischen Fistelstimme: ›Ich mach alles, du machst nichts.‹ Und das hat ja überhaupt keine Wirkung, der Mann zuckt im Grunde nur mit den Schultern und sagt: ›Verdirb uns doch nicht den Samstag.‹

Ich sah dann, dass unser Hauptkonflikt nicht das Wer oder das Was, sondern das Wann betraf. Ich fand viel früher als er, dass irgendetwas dringend erledigt oder geputzt oder aufgeräumt werden muss. Das haben wir gelöst, indem wir genau festgelegt haben, was wir an welchem Tag abwickeln. Das ist fix ausgemacht. In unserem Fall ist es ein Teil des Wochenendes.

Es funktioniert gut, von einigen Absurditäten abgesehen. Einmal zum Beispiel hab ich die Fenster geputzt und er die Flügeltüren. Dann hat er Kopfweh bekommen und hat gesagt, die letzte

Tür macht er nicht mehr, er macht sie später. Das war vor elf Monaten, und die Flügeltür ist noch immer ungeputzt. Mittlerweile gehe ich richtig gern an dieser Tür vorbei, es erheitert mich jedes Mal.

Generell glaube ich, dass Frauen da lockerer werden sollten, aber gleichzeitig darauf pochen müssen, dass Männer bestimmte Dinge machen – und eigentlich gehören diese zwei Dinge zusammen.«

Liebe – Zwischen Verschmelzung und Wellensystem

Nähe und Gemeinsamkeit erleben, sich selber dabei nicht verlieren und die Beziehung dauerhaft gestalten, ohne sich gegenseitig einzuengen oder aber zu entfremden. Diese Ziele erscheinen sehr schwierig, fast unerreichbar – es sei denn, wir nehmen die Physik zu Hilfe. Denn was für Menschen schwer sein mag, gelingt einem Wellensystem ohne jede Mühe.

Ein Wellensystem ist selbstbewusst. Auch wenn es seinen Ursprung nur einem bescheidenen Kieselstein oder gar einem vergänglichen Regentropfen verdankt, breitet es sich auf der Wasseroberfläche selbstbewusst aus. Es weiß, dass es genau dieselbe Berechtigung hat wie das Wellensystem, das ein Ozeandampfer verursacht.

Ein Wellensystem lässt sich niemals vom Kurs abbringen. Wenn es einem zweiten, sympathischen Wellensystem begegnet, dann verhält es sich durchaus nicht wie ein Mauerblümchen, sondern es gibt sich furchtlos den Turbulenzen dieser Begegnung hin. Danach geht es unbeirrt seinen Weg weiter.

Ein Wellensystem glaubt an sich. Auch nach der heftigsten Begegnung gibt es seine Integrität nicht her. Niemals verfällt es der Versuchung, sich einfach aufzugeben und dem anderen Wellensystem anzuschließen.

Ein Wellensystem genießt ein ekstatisches Liebesleben. Berauschende Amplituden, sich haltlos addierende Schnellevektoren, es ist alles andere als jugendfrei, was diese Wellensysteme so treiben.

Rufen wir uns das vorbildhafte Verhalten von Wellensystemen immer wieder in Erinnerung, schon beim ersten Kennenlernen:

> **Wir erzeugen an beiden Enden einer Wellenmaschine oder einer lang gestreckten Schraubfeder jeweils gleich gerichtete kurze Querstörungen ... Sie laufen einander auf demselben Träger als Wellenberge entgegen.***

Sie finden einander anziehend. Junge Liebe! Sie wollen nichts anderes mehr, als einander ganz nahe zu sein.

> **Im Augenblick der Begegnung überlagern sie sich zu einem einzigen Wellenberg mit doppelter Amplitude.**

Wer unter 18 ist, überliest bitte den nächsten Absatz, in dem es sehr intim wird:

> **Im Augenblick der Begegnung addieren sich die Elongationen; sie werden zum Zeitpunkt, in dem sich die beiden Wellenberge gerade decken, verdoppelt. Auch die Schnellevektoren addieren sich zu diesem Moment.**

Aufregend! Doch im Leben gibt es noch andere Dinge, Wellensysteme wissen das.

---

* Aus: *Dorn/Bader Physik,* auch im Folgenden

Dieser gespannte Zustand kann nun aber nicht anhalten; die in ihm steckende Energie wird nach beiden Richtungen des Trägers abgegeben.

Auf die heiße Liebesnacht, auf die Flitterwochen folgt wieder der Alltag. Bei Menschen verfällt das eine, meist weibliche Wellensystem oft in den Trugschluss, dass das Leben nur noch aus der Jagd nach ekstatischen Verschmelzungserlebnissen besteht und dass es seinen Alltag ab nun hinter selbst gehäkelten Gardinen in einem Reihenhaus verbringen sollte, nur darauf wartend, dass das zweite, männliche Wellensystem abends nach Hause kommt und sagt, dass es es liebt. Diesen Fehler machen echte Wellensysteme nicht.

Die zwei ursprünglichen Wellenberge lösen sich wieder voneinander und wandern in alter Frische nach links und rechts weiter. Sie haben sich bei ihrer Begegnung ungestört überlagert.

Und hierin, ja genau hierin liegt die Herausforderung für Menschen: sich zu überlagern, sich gegenseitig die Schnellevektoren ekstatisch zu addieren, sich danach aber nicht zu blockieren oder den Elan zu nehmen.

Wie das bei Menschen aussehen könnte, führen uns Gero und Melissa vor. Die beiden sind seit 21 Jahren zusammen, und wer sie gemeinsam erlebt, bemerkt sofort, dass zwischen ihnen immer noch die Funken sprühen.

»Privilegierte Verhältnisse« – werden manche sofort einwenden, wenn wir jetzt erzählen, dass Melissa im Bereich der Filmproduktion eine eigene kleine Firma hat und Gero Dokumentationen produziert, aber dieser Einwand ist haltlos. Genauso, wie sich die beiden eine Beziehung nach eigenem Geschmack aufgebaut haben, so haben sie sich auch ihre jeweiligen Berufssituationen fast aus dem Nichts geschaffen. Melissa war Sekretärin, ehe sie sich mit drei Freundinnen selbstständig machte, Gero gab sogar seine Anstellung auf, um zu ihr zu ziehen und dort mit Mühe und viel Risiko seine Projekte zu lancieren.

Was die Beziehung anbelangt, so besteht der Trick laut Melissa und Gero darin, drei Dinge voneinander zu unterscheiden: »Interessen, die wir teilen, Interessen, die wir aufgeben, und Interessen, die wir getrennt beibehalten.«

Was sehr logisch und recht einfach klingt, war ein Prozess.

Die gemeinsamen Interessen kristallisierten sich schnell heraus: die Arbeit sowieso, die immer viel Stoff lieferte für Diskussionen und manchmal sogar für gemeinsame Projekte. Dann der Sport: Ski fahren, lange Radtouren, Bergwanderungen. Und Melissas kleiner Neffe, Sohn einer gestressten Alleinerziehenden, wurde bald so etwas wie ein gemeinsames Kind, bei Melissa und Gerald nicht nur gelegentlich zu Besuch, sondern ein fixer Teil ihres täglichen Lebens. Aber andere Dinge fügten sich nicht so leicht zu einer Einheit.

Da war zum Beispiel das Segeln. Das war Geros Leidenschaft, und Melissa freute sich darauf, sich das neue Hobby anzueignen. Schließlich war sie ein sportlicher Mensch, liebte das Wasser und war gern an der frischen Luft. Doch sie fand Segeln einfach furchtbar. Beim besten Willen konnte sie sich mit dieser Beschäftigung nicht anfreunden. Gero beschloss, auf sein Hobby zu verzichten.

»Mir hat es sehr gefallen, dass er Dinge auch aufgeben konnte«, erinnert sich Melissa. »Er hat aufgehört zu segeln, denn er hat gesagt, Segeln ist mehr als ein Sport. Es ist eigentlich eine ganze Lebensweise. Und wenn nur der eine Partner es liebt, dann wird es mit der Freizeit schwierig.«

Segeln war aber nicht die einzige Vorliebe, die Melissa nicht mit Gero teilen konnte. Da gab es noch sein Leben als Gourmet.

»Er trinkt sehr gerne tolle Weine und geht ganz toll essen. Seine Eltern sind Hoteliers, das hat er von zu Hause mitgenommen. Und mich interessiert das überhaupt nicht. Ja, ich esse gerne gut, aber dieses Fünfsternezeug halte ich nicht aus. Mich macht allein schon das Tempo krank. Ich kann nicht im ›Steirer-Eck‹ sitzen und geduldig sieben Gänge abwarten. Er aber liebt das dort. Eine Zigarre rauchen, über deren Vorzüge man auch schon eine Viertelstunde diskutiert hat, dann mit dem Koch über dies und jenes fachsimpeln ... das kann ich nicht. Gero kocht ja sehr viel, er kauft sich Kochbücher, und ich koche überhaupt nicht. Er kocht jeden Tag und ich koche nie.«

Alle paar Wochen, wenn Melissa beruflich verreisen muss, auch öfter, begibt sich Gero mit einem fachkundigen Freund ins ›Steirer-Eck‹ oder einen anderen viel gepriesenen Gourmettempel. – Dafür darf er sich von Melissas »flatterig extrovertiertem« Freundeskreis fern halten:

»Als wir uns zuerst kennen gelernt haben, war es schwierig«, erzählt Melissa. »Wenn ich Freunde getroffen habe, hat er nie viel geredet. Dann hat er begonnen, Einladungen abzulehnen. Er hat einfach gesagt, das freut mich nicht, da komme ich nicht mit. Ich habe damit nicht umgehen können, ich habe nicht gewusst, was ich jetzt den Leuten sagen soll. Es war mir peinlich, also habe ich gelogen. Ich habe gesagt, Gero ist krank, oder er hat Kopfweh. Aber das funktioniert ja nicht, weil dann sagen die Leute, macht nichts, wir verschieben das! Treffen wir uns stattdessen eben nächsten Samstag! Man kommt ja da nicht heraus. Irgendwann habe ich also meinen Freunden gesagt, dass er einfach nicht will, sie nur noch mich einladen sollen, aber nicht Gero, denn er kommt ganz sicher nicht. Ich hab mir gedacht, soll es mir doch egal sein, ob die ihn mögen oder nicht. So kam es aber nicht, sondern es ist das Phänomen eingetreten, dass sie ihn alle gern haben. Und es wird überhaupt nicht mehr diskutiert darüber, ob er mitgeht oder nicht, er geht einfach in 90 Prozent der Fälle nicht mit. Wenn es mir mal wichtig ist, dass er dabei ist, dann kommt er und bemüht sich und ist nett. Es funktioniert optimal, aber ich muss zugeben, es war ein Prozess. Weil die Erwartungen der Umwelt sind ja anders, und die stecken in einem drin.«

Übung

Visualisieren Sie sich als Kreiswellensystem. Beschriften Sie Ihre Kreise mit den Tätigkeiten, Interessen und Eigenschaften, die zu Ihrer Substanz gehören. Was sind die Dinge, die Sie nicht aufgeben können, ohne einen Teil von sich selber zu verlieren?

Erschreckend, aber wahr: Nicht nur im Liebestaumel, sondern vor allem im Zustand des Hätte-gern-einen-Liebestaumel erklären Frauen sich bereit, diese substanziellen Teile ihres Selbst herzugeben – und verlangen im Gegenzug, dass der Partner sie an seiner Substanz herumschnipseln lässt.

Beschriften Sie also Ihre Wellenlinien und erklären Sie alles, was darauf steht, für unantastbar.

Breiten Sie Ihren Wellenkreis nun gedanklich aus. Welche Richtung soll er nehmen? Eine gute Beziehung fügt dieser Richtung keinen Schaden zu, sondern gibt ihr »Frische« und Energie.

Sie wollen Nähe, Innigkeit, ekstatische Verschmelzung erleben? Kein Problem, Sie sollen es haben. Aber wählen Sie die richtige Sorte Mann. Was machen Sie sonst am nächsten Tag von morgens bis abends, nachdem das Objekt Ihrer Verschmelzung fröhlich ins Büro gegangen ist?

Männern fällt es meist leichter, ihre Konturen und ihre Richtung zu behalten. Dieser Weg wird ihnen vorgegeben, von Geburt an – und zum Zeitpunkt ihrer Geburt können sie bereits zurückblicken auf eine lange Reihe männlicher Ahnen, die es genauso hielten. Ein Mann geht seinen Weg – und unterwegs nimmt er, wenn er das möchte, eine Frau und Kinder mit.

Für Frauen ist es viel schwieriger, weil viel ungewohnter, sich ihr Selbst zu bewahren. Sie folgen einer anderen, verhängnisvollen Vorlage.

Lena zum Beispiel – da war alles gut in Bewegung, bis sie einen Irrweg beschritt. Sie hatte keine sehr guten Startbedingungen im Leben, aber Ehrgeiz hatte sie immer schon, und gescheit war sie auch. Der Vater war Alkoholiker, die Mutter früh verstorben, und so musste Lena ab dem 16. Lebensjahr für sich selber sorgen. Dass sie unter diesen Umständen zur Sekretärin avancierte, betrachteten alle als großen Erfolg, aber Lena war damit nicht zufrieden. Sie sah aber nicht ganz, wie es für sie weitergehen sollte. Dann kam ihr ein Zufall zu Hilfe – der Zufall, dass sie sich aus lauter Frustration über einen unerträglichen Chef zu viele Pfunde angegessen hatte und zu den »Weight Watchers« ging.

»Das Prinzip dieser Gruppe ist ja, dass man im Anschluss an den eigenen Erfolg dann als Motivationsperson, quasi als Animateurin auftreten und Gruppen leiten kann, weil das eigene Beispiel die beste Motivation ist für andere, dass auch sie es schaffen können. Das war mein Einstieg in das Thema Ernährung. Ich hab dann weitere Ausbildungen gemacht, als Diätassistentin im Krankenhaus gearbeitet, und jetzt bin ich bei einem Konzern, ich bin dafür verantwortlich, Nahrungsmittel zu testen, Kundenprofile zu erstellen, es ist unglaublich interessant. Wenn man bedenkt, daß ich aus dem Nichts komme – ich war ja ein Nobody, ohne formale Bildung, ohne Hintergrund, ohne tolles Elternhaus, und jetzt fahre ich einen Range Rover, kann mir teure Klamotten leisten, ich schau gut aus, zumindest sagen das die anderen, bin sportlich, gehe viermal in der Woche Gewichte heben. Nicht schlecht, finde ich.«

Beruf, Freundeskreis, Hobbys – so weit, so gut, doch eines fehlte: die Liebe. Schon glaubte Lena, sie gefunden zu haben, in Gestalt von Friedrich. Friedrich war geschieden. Und zwar schon seit Jahren, was Lena die Hoffnung gab, dass er die Vergangenheit bewältigt und aus Fehlern gelernt hätte und reif wäre für ein neues Leben. Das bestätigte sich nicht, die Gründe müssen uns hier nicht weiter interessieren, wir notieren aus der Zeit dieser ersten ernsthaften Beziehung nur eines: Es macht sich hier bereits Lenas fatale Neigung bemerkbar, ihren Wellenkreis zu vergessen und stattdessen krampfhaft zur harmonischen Schwingung werden zu wollen.

Das ersehen wir schon an einem kleinen Beispiel, dem Streit über die Finanzen. Lena und Friedrich hatten noch nicht über

Ehe gesprochen, sie lebten nicht einmal fest zusammen. Zwar war Friedrichs eigene Wohnung nur noch theoretisch vorhanden – de facto lebte er in Lenas Einzimmerwohnung. Aber es gab keine Verbindlichkeit irgendwelcher Art. Vielleicht gerade deshalb setzte es sich Lena in den Kopf, eine finanzielle Verschmelzung zu wollen.

»Wir haben zusammengewohnt, man könnte also sagen, das war eh eine fixe Sache, wir haben zum Beispiel nicht die Finanzen geteilt. Obwohl ich mich heute frage, warum ich das damals eigentlich wollte, weil ich viel mehr verdient habe als er. Hätten wir alles in einen Topf geworfen, ich hätte mich deutlich verschlechtert.«

Irgendein Teufel drängte Lena dazu, zwischen sich und Friedrich eine verbindliche Gemeinsamkeit, eine Verwebung herstellen zu wollen – ruhig auch eine, die ihr objektiv keinen Nutzen, sondern einen Nachteil gebracht hätte. Viele Frauen machen die Bekanntschaft dieses verführerischen Verschmelzungsteufels.

Doch Lenas Irrweg hatte gerade erst begonnen. Friedrich betrog sie mit einer Kollegin. Als Revanche und um sich zu trösten, stürzte auch Lena sich in eine Affäre mit einem, von außen betrachtet, beeindruckenden Mann, einer »Person des öffentlichen Lebens«, deren richtiger Name hier nichts zur Sache tut. Wir nennen diesen Mann Jörg. Jörg ist also wichtig, bekannt, attraktiv und: verheiratet.

Lena erzählt:

»Jetzt stecke ich seit Monaten drin und bin fixiert auf diese Beziehung. Jörg gefällt mir unheimlich gut, er ist tüchtig und enorm erfolgreich, was die Lage kompliziert macht. Was am Anfang so bestechend war, dass er so bestimmend war und immer gewusst hat, wo es langgeht – er hat einen Terminkalender, der von der Sekretärin erstellt wird, er hat einen Chauffeur für längere Strecken, damit er in Ruhe die Papiere studieren kann –, das alles hat am Anfang alles so toll ausgesehen, arbeitet aber gegen mich. Weil alles andere ist wichtiger als ich. Und ich rivalisiere diesmal leider nicht mit seiner Erinnerung an eine Ex-, sondern mit seiner ganz aktuellen Ehefrau, und zusätzlich rivalisiere ich auch noch mit seinen beruflichen Aufgaben.«

Berauschendes Liebesglück? Das sieht wohl etwas anders aus.

»Ich bin ziemlich am Endpunkt, weil ich nicht mehr weiß, wie ich aus dieser Sache herauskomme. Manchmal fühle ich mich wie der letzte Dreck, wie jemand, der nur herumsteht und wartet. Er ist verheiratet, seit vielen Jahren, und er sagt, er und seine Frau wären ein tolles Team. Bei diesem Ausdruck glaub ich manchmal den Verstand zu verlieren. Er versucht mir zu erklären, dass ihre Beziehung rein pragmatisch sei. Sie unterstützt ihn beruflich, er hat ihr viel zu verdanken, und außerdem ist er in einer exponierten Position, wo ein Skandal und eine Scheidung gar nicht gut für ihn wären. Sexuell, sagt er, hätten sie schon lange nichts mehr miteinander zu tun, es sei eine emotional langweilige Beziehung, und er könne sich nicht vorstellen, nachdem er die schöne Zeit mit mir erlebt hat, jemals wieder in *der* Weise mit seiner Frau zusammen zu sein.

Ich liebe das alles auch mit ihm. Er ist unheimlich eloquent, sehr zärtlich und verletzlich. Diese Seite zeigt er nur mir, und das ist schmeichelhaft, ein richtiger Vertrauensbeweis. Er genießt es sehr, dass ich mich für ihn herrichte, dass ich jedes Mal durchs Outfit auch meine Zuwendung signalisiere, dass unsere Zeit zusammen etwas Besonderes ist, dass ich jedes Treffen zu einem kleinen Fest mache. Der Absturz danach ist natürlich umso schlimmer.«

Eine Frau – die Ehefrau – hat dieser Mann schon in seinen Sog gezogen. Sie hilft ihm bei seinem Vorankommen. Das gibt ihr einen gesicherten Platz in seinem Leben – und insofern geht die Rechnung mancher Frauen auf und sie verankern sich im Leben eines Mannes, indem sie »nützlich« sind. Aber was ist das für ein Platz, den sie da einnehmen? Als »tolles Team« bezeichnet dieser Mann sich und seine Ehefrau. Aber es ist ein Team, das nach *seinen* Regeln *sein* Spiel spielt.

Lena berichtet weiter:

»Was mir jetzt große Sorgen, ja sogar schlaflose Nächte bereitet, ist, dass mir meine eigene berufliche Tätigkeit irgendwie davonschwimmt. Ich habe das Gefühl, dass ich nur mehr halbherzig beim Job bin. Dann wieder denke ich mir, dass ich in meinem Leben schon so viel gearbeitet habe und jetzt endlich genießen will, was mir entgegengebracht wird. Er hat unheimlich viel Wärme und Zuwendung, er lässt sich immer besondere Geschenke einfallen. Eine solche Leidenschaft erleben zu können ist etwas sehr Schönes für mich, aber ich pendle ununterbrochen zwischen zwei Gedanken. Einerseits denke ich mir: Ich bekomme ohnehin die beste aller Welten, weil mit seiner Frau nur noch die Routine läuft, während er mit mir die lustvollen, leidenschaftlichen Stunden verbringt. Alles, was im Leben schön ist, hat er mit mir.

Wenn ich deprimiert bin, überlege ich dann aber, ob das überhaupt stimmt oder ob meine Perspektive bereits völlig verschoben ist. Immerhin geht das schon viele Monate so, und wenn ich ehrlich bin: Natürlich lebe ich innerlich auf den Augenblick hin, in dem der Partner, der noch immer mit seiner Ehefrau zusammen ist, sich endlich für mich entscheidet. Ich fantasiere davon, dass er bemerkt, dass ich seine Zukunft bin. Aber es schwindet bei mir zunehmend die Zuversicht, dass das jemals geschehen wird. Er behauptet, dass seine Frau mittlerweile informiert ist. Er hat immer Freundinnen gehabt, sie scheint das irgendwie hinzunehmen. Er sagt, mit mir wäre das jetzt aber ernst und anders, und er will von ihr sozusagen die Absolution, dass er offiziell mit mir zusammen sein kann. Als Belohnung dafür, dass sie es akzeptiert und ihm sozusagen ein Alibi gibt, bekommt sie die Sicherheit, dass er sie nicht verlässt. Eigentlich warte ich ständig darauf, dass seine Frau irgendwann mal bei mir anruft. Ich würde das tun an ihrer Stelle.«

Lena scheint sehr klar zu sehen, dass sie sich selber in diese Situation versetzt hat, nicht weil die Liebe sie überwältigt hätte, sondern weil sie manisch einer Idee folgt:

»Ich bin jetzt an einem Punkt, wo ich das habe, wovon ich als junges Mädchen immer geträumt habe. Ich habe einen tollen, leidenschaftlichen Mann gefunden, der mir auch zeigen kann, dass er mich liebt. Aber andererseits habe ich die ganz deutliche Empfindung, dass diese Sache grundsätzlich nicht stimmt.«

Und diese Jungmädchen-Fantasie, die Lena ganz richtig identifiziert, hat sie dazu gebracht, ihre eigenen Konturen und ihre Richtung zu verlieren, im Namen eines kurzfristigen Harmoniegefühls. Lena erkennt auch, dass sie im Begriff ist, »ausgelöscht« zu werden – nicht mehr im lustvollen, sondern im Angst machenden Sinn.

»Vielleicht liegt es daran, dass er so eine hohe Position hat, er hat einfach diese Aura von Autorität. Er kann gut herumalbern mit mir, aber wenn alles wieder zurück in der Normalität ist, wenn wir dann wieder angezogen am Tisch sitzen sozusagen, dann ist er wer, und ich nicht. Dann ist da plötzlich wieder etwas sehr Starres zwischen uns, und die ganze Intimität ist schlagartig wieder weg.

Bei Friedrich war das eine viel gleichere Beziehung, wir haben gestritten, eine Menge miteinander durchgearbeitet und durchdiskutiert. In der jetzigen Beziehung würde sich mein Geliebter gar nicht auf so etwas einlassen. Das würde er als Zeitverschwendung betrachten. Manchmal schleichen sich jetzt in meine schlaflosen Nächte hässliche Gedanken ein. Dann denke ich mir, dass ich für ihn nur eine begrenzte Funktion habe, die er abgetrennt hat in einem kleinen Schächtelchen, wo er nur den Deckel aufmachen muss, wenn er will, und wieder zumachen kann, wenn er Termine hat.

Ich hab sogar angefangen, Buch zu führen, wie viel Zeit wir miteinander verbringen. Denn meine Theorie war ja, dass unsere gemeinsame Zeit so quasi das ›eigentliche Leben‹ darstellt. Da merkte ich, dass mein ›eigentliches Leben‹ sich auf wöchentlich gerade mal fünf oder sechs Stunden beschränkt. Dafür fahre ich oft umständlich seinen Terminen nach, um ihn anschließend in Hotels zu treffen, und oft ist er gedanklich dann noch ganz woanders. Statt mich gut zu fühlen, empfinde ich dann nur Angst, weil ich mir denke, dass ich es nach all diesen Monaten noch immer nicht geschafft habe, einen festen Platz in seinem Leben zu haben.«

Den einzigen wirklich festen Platz hat man: im eigenen Leben. Viele Frauen wollen das nicht wahrhaben. Sie suchen ihre Sicherheit als Anhang zu einem Männerleben. Wie riskant und unlogisch das ist, können wir an Lenas Beispiel klar erkennen. Der Mann, auf den sie ihr weiteres Leben aufbauen möchte und für den sie ihre eigene mühsam aufgebaute Position riskiert, hat ihr dezidiert erklärt, sich niemals von seiner Frau trennen zu wollen. Ein »fester Platz in seinem Leben« ist keine Option.

Vorweggesagt: Wir finden außereheliche Beziehungen überhaupt gar nicht gut. Aber wenn schon, dann sollte zumindest Symmetrie geboten sein. Nehmen wir an, dass »Jörgs« Version der Wahrheit entspricht. Er hat sich mit seiner Frau auseinander gelebt, sie sind aber übereingekommen, dass sie aus praktischen Überlegungen zusammenbleiben werden. Ihre sexuelle Beziehung ist beendet und sie haben sich gegenseitig die Freiheit zugebilligt, sich in dieser Hinsicht anderweitig umzusehen. Jörg ist Politiker, und vermutlich ist diese Darstellung genauso wahr wie alles andere, was aus Politikermund zu vernehmen ist, aber sei's drum. Gehen wir davon aus, dass es stimmt.

Dann wären Jörg und Lena eigentlich in einer sehr vergleichbaren, sehr symmetrischen Position. Beide haben einen ausgelasteten Arbeitstag, ein reges Sozialleben und wenig Freizeit. Lena verdient gut, sie braucht keinen »Ernährer«. In einem an und für sich erfüllten und erfolgreichen Leben hatten beide dasselbe Manko: Es fehlte ihnen das Kribbeln einer leidenschaftlichen Liebesaffäre. Doch wie unterschiedlich reagieren die beiden nun, wo sie dieses Defizit füreinander ausgleichen! Jörg geht weiterhin seines Weges. Er hält seine Termine ein, liest in seiner Limousine seine Arbeitsunterlagen, verfolgt seine Interessen. Und wenn es sich arrangieren lässt, trifft er Lena. Lena könnte dasselbe tun. Auch sie könnte diese Affäre »in eine Schachtel« stecken und nur dann den Deckel öffnen, wenn der Zeitpunkt geeignet ist.

Aber Lena kämpft an gegen die Wahrheit, dass diese Affäre eine Fußnote ist, die in eine getrennte Schachtel gehört. Sie pumpt sie auf, erklärt sie gar zu ihrem »eigentlichen Leben«. Wie unpassend und unangemessen das ist, ergibt sich aus ihren eigenen Berechnungen – fünf bis sechs Stunden die Woche können nicht das »eigentliche Leben« sein. Es schmerzt uns, es zuzugeben, aber Jörg hat die passendere Einstellung. Lena täte gut daran, nach den jeweiligen stürmischen Zusammenkünften, dann, wenn sie wieder »angezogen am Tisch sitzt«, zu ihrem tatsächlichen Wesen zurückzufinden, ihren Wellenkreis zur Ruhe kommen und in seiner angestammten Richtung weiterlaufen zu lassen. Denn was hat sie jetzt? Eine Beziehung ohne Zukunftsaussichten, eine gefährdete Karriere, Selbstzweifel, schlaflose Nächte und Stress. Das alles für fünf oder sechs halb angenehme Stunden.

Übung

Wir unterscheiden echte Ressourcen, die uns tatsächlich zum weiteren glücklichen Wellenverlauf verhelfen können, von Fantasiegebilden, die nur einen Irrweg darstellen.

Bei Lena sähe die dabei entstehende Liste so aus:

Echte Ressourcen

- toller Job, der Spaß macht
- gutes Einkommen
- netter Freundeskreis
- sportliches Interesse
- attraktives Aussehen
- starke Willenskraft

Fantasiegebilde

- Vorstellung, dass ein verheirateter Geliebter, der stets dezidiert erklärt, bei seiner Frau zu bleiben, plötzlich seine Meinung ändert
- Vorstellung, dass traute Liebesminuten das »eigentliche Leben« sind

Das Interessanteste an dieser Liste ist, dass nicht objektive Hürden, sondern Lenas eigene Fantasie ihr zum Verhängnis wird.

Und das ist, wie wir glauben, leider typisch Frau. Entscheidend ist die Vorlage, der Plan.

Um das zu untermauern, werfen wir nun noch kurz einen Blick auf Tessa, die einer ganz anderen Vorlage folgt und der es daher auch viel besser geht als Lena.

Die Ausgangspositionen der beiden Frauen waren nicht unähnlich. Auch Tessa musste sich unter schwierigen Umständen hocharbeiten, und auch Tessa gelang es infolge von Elan, Risikobereitschaft und harter Arbeit, eine sehr gute berufliche Position zu erwirken. Und Tessa empfindet trotz zeitlicher Auslastung, nettem Freundeskreis und interessanten Hobbys dasselbe Defizit wie Lena. »Die Arbeit liebt dich nicht zurück«, zitiert sie den gleichnamigen Buchtitel. Sie will einen Partner und irgendwann ganz gern auch Kinder. Der erste entscheidende Unterschied zu Lena ist bereits, dass Tessa diese fehlende Komponente aber nicht als »das eigentliche Leben« sieht. Sie käme nie auf die Idee, ihr tatsächliches Leben nicht als das eigentliche Leben zu sehen. Nur fehlt ihr in diesem eigentlichen Leben etwas, und das will sie auch noch haben.

Ähnlich wie Lena hatte auch Tessa eine gescheiterte Beziehung hinter sich. Aber das unerquickliche Ende dieser Beziehung veranlasste sie nicht zu einem Akt der Rache. Sie empfand auch nicht das Bedürfnis, sich zu trösten. Sondern Tessa studierte das Problem. Sie dachte darüber nach, warum die Sache schief gegangen war, und gelangte schließlich zu einer interessanten Schlussfolgerung. Das Verhängnis dieser anfangs hoffnungsvollen Beziehung, meinte sie, war »Planlosigkeit«.

»Liebe ohne Plan geht heute nicht mehr«, davon ist Tessa überzeugt. »Man braucht ja für alles einen Plan. Für alles braucht man Lizenzen und gerade in der Partnerschaft stümpert man herum. Wir sind da alle Dilettanten.«

Sie können sich wahrscheinlich keine Vorstellung davon machen, wie oft wir mit Frauen bei Gesprächen zum Thema Kinderkriegen schon den Begriff der Planung eingeführt haben, nur um rüde damit abzublitzen. Frauen traumwandeln in die Elternschaft hinein. Dass Arbeitgeber Frauen diskriminieren, weil sie annehmen, dass diese Frauen irgendwann mal Kinder bekommen und »ausfallen«, ist unfair. Ehrlich gesagt können wir es aber verstehen, wenn Arbeitgeber Bedenken haben gegenüber einer Bevölkerungsgruppe, die scheinbar unfähig ist, wichtige Lebensveränderungen zu *planen*. Diesen Vorwurf können wir Tessa jedenfalls nicht machen. Mit Dieter, ihrem jetzigen Freund, gibt es genaue Abmachungen über die Organisation des Alltags:

»Unser Haushalt ist wahnsinnig gut, sehr straff organisiert, das habe ich von meiner Mutter gelernt, die Anwältin war. Dieter und ich, das sieht nach einer bleibenden Geschichte aus. Wir sind jetzt am Diskutieren, ob wir Kinder haben wollen, was ich mir schon sehr wünschen würde. Ich glaube durchaus, dass er ein sehr guter Vater wäre, wir werden das auch klar festlegen, wer sich wie organisiert, natürlich geht es nicht so weiter wie jetzt, dass wir beide dann 14 Stunden am Tag arbeiten.«

Tessa arbeitet in einer Werbeagentur, Dieter in einer Bank. Ihre Positionen sind ungefähr gleich, was Tessa äußerst vorteilhaft findet:

»Ich kenne viele Frauen, die es super finden, dass ihr Mann so erfolgreich ist, sei es in der Politik oder Wirtschaft. Sie selber haben studiert, haben auch einen Job, aber als Partner wollen sie auf jeden Fall jemanden, der richtig toll ist, ein paar Jahre älter als sie und beruflich schon weiter. Dann sind sie stolz. Aber in Wirklichkeit sind sie dann die kleine Maus, das Anhängsel. Bei Empfängen treten sie als die Frau Soundso auf. Diese Rolle will ich sicher nicht, das weiß er auch. Ich sehe es in keiner Weise für erstrebenswert an, dass wir zum Beispiel ein Kind kriegen und ich bleib daheim und er macht die Superkarriere. Dass Frauen da mitspielen und es auch noch gut finden, das begreife ich nicht.«

Ob es einfach Ermüdung ist, die Frauen in die »Frühpension« an der Seite eines Partners treibt? Tessa gibt zu, dass ihr Leben mit viel Stress verbunden ist. »Ganz schön mörderisch« geht es mitunter zu in den Agenturen – aber nicht nur für Frauen.

»Sicherheit gibt es schon lange nicht mehr, auch nicht für die

Männer. Wenn ich mich in der Geschäftswelt umsehe, da kann ein jeder Tag dein letzter sein. Das weckt in Frauen vielleicht mal die Sehnsucht nach einer starken Schulter. Aber dieser Überlebenskampf, der ist für Männer ja auch nicht anders. Männer sind genauso belastet. Die wollen dann zwar keine Schulter, dafür wollen sie die Geborgenheit bei der Frau. Das heißt für sie, möglichst keine Kritik, stattdessen Zuspruch.«

Tessa verfolgt das Konzept, sich gegenseitig im Privatbereich Unterstützung zu geben und beidseitig die notwendigen Anpassungen an ein Kind zu treffen, damit beide in gleichem Masse im Arbeitsleben weitermachen können.

»Ich erwarte von Dieter, dass er bezüglich Vaterschaft bei der Kindererziehung von Anfang an dabei ist. Ich habe mir das so gedacht, dass wir uns jeweils einen Tag in der Woche freinehmen, bis das Kind in den Kindergarten geht. Ich würde also theoretisch den Freitag nehmen und er den Montag, dann hätte unser Kind vier Tage mit mindestens einem Elternteil und drei Tage, wo wir auf Fremdversorgung angewiesen sind. Wir hätten jeweils vier volle Arbeitstage, und wenn es kritisch wird, können wir ja abwechselnd am Wochenende auch mal mit dem Laptop verschwinden. Die Firma wird das auf alle Fälle verkraften.

Wenn Dieter allerdings in den Vorstand käme, dann wäre es schwierig. Das sind dann Verpflichtungen, über die er nicht mehr entscheiden kann, und plötzliche und längere Reisen. Wenn mir ein solcher Posten angeboten werden würde, würde ich ihn nicht nehmen, weil jeder weiß, wohin das führt.

Dieter und ich haben bereits darüber gesprochen, die Lösung mit einem Wochentag sieht er als durchaus realistisch. Ich war überrascht, dass das in nur einer einzigen Diskussion rüberkam. Ich hatte damit gerechnet, ihn überzeugen zu müssen. Dass er das für eine gute Lösung hält, zeigt mir, dass auch er eine Sehnsucht danach hat, andere Seiten des Lebens zu erleben, und nicht nur für die Firma zu existieren.«

Tessa zeigt uns ein ganz anderes, wesentlich realitätsadäquateres »Fantasiebild«.

Es ist essenziell, bei der Lebensplanung eine klare Vorlage vor Augen zu haben, denn die Details sind unvorhersehbar. Wann werden Sie den »Richtigen« kennen lernen? Wird sich plötzlich eine berufliche Chance ergeben? Das Leben ist voll der Überraschungen, der Zufälle und der Wendungen. Stabil ist nur Ihre Vorlage.

Es gibt physikalische Vorgänge, die scheinbar regellos ablaufen, obwohl sie im Prinzip nach den Gesetzen der klassischen Physik berechenbar sind. Bei diesen Systemen führen kleinste Änderungen der Anfangsbedingungen und winzige Störungen zu großen Abweichungen im Verhalten. Obwohl sie im Prinzip streng determiniert sind, zeigen sie zufälliges, chaotisches Verhalten.

Dieser Satz beschreibt genau das Dilemma von Zweierbeziehungen. Eine Scheidungsrate von teilweise über 50 Prozent bezeugt die zahlreichen unvorhergesehenen Störungen, die das Verhalten zweier ehemals verliebter Personen im Chaos enden lassen. Diese destruktiven Vorfälle können Sie nicht verhindern. Aber Sie können das System wählen, in dem Ihr Leben verlaufen wird und dessen Gesetze für Sie gelten.

Mann suchen, sich an ihn klammern und seinen Plänen den Vorzug geben? Dann sind Sie im System der harmonischen und sich überlagernden Schwingungen, und deren Gesetz sieht Ihre Auslöschung vor.

Die eigene Kontur haben, die eigene Lebensrichtung verfolgen und in einer Partnerschaft leben, in der keiner den anderen kleiner macht, beschädigt oder von wichtigen Zielen abbringt? Dann sind Sie im System der Wellenkreise, und dort sind Sie wie gesehen gut aufgehoben.

Löschen Sie sich nicht aus. Überlagern Sie sich ungestört.

Klug mit Gefühlen umgehen

Laura Day
Mit P. I. zum Erfolg
Praktische Intuition für Karriere, Reichtum und Glück
ISBN 3-423-**24183**-7

P. I. in der Liebe
Mit Praktischer Intuition zu Erfüllung und Glück
ISBN 3-423-**36270**-7

Daniel Goleman
EQ. Emotionale Intelligenz
ISBN 3-423-**36020**-8

EQ²
Der Erfolgsquotient
ISBN 3-423-**36211**-1

Daniel Goleman, Paul Kaufman, Michael Ray
Kreativität entdecken
ISBN 3-423-**36136**-0

Die heilende Kraft der Gefühle
Hrsg. von Daniel Goleman
ISBN 3-423-**36178**-6

Verena Kast
Neid und Eifersucht
Die Herausforderung durch unangenehme Gefühle
ISBN 3-423-**35152**-7

Der Schatten in uns
Die subversive Lebenskraft
ISBN 3-423-**35160**-8

Arnold Lazarus
Fallstricke der Liebe
Vierundzwanzig Irrtümer über das Leben zu zweit
ISBN 3-423-**36185**-9

Joseph LeDoux
Das Netz der Gefühle
Wie Emotionen entstehen
ISBN 3-423-**36253**-7

Dorothy Rich
Lernspiele für den EQ
So fördern Sie die emotionale Intelligenz Ihres Kindes
ISBN 3-423-**36226**-X

Lawrence E. Shapiro
EQ für Kinder
ISBN 3-423-**36121**-2

Peter Schmidt
Die Kraft der positiven Gefühle
Mit neuen Mentaltechniken innerlich frei werden
ISBN 3-423-**36256**-1

Claude Steiner
Emotionale Kompetenz
ISBN 3-423-**36157**-3

Peter Uffelmann
Verzeih dir selbst
Die sieben Schritte zum Selbstwertgefühl
ISBN 3-423-**08553**-3

Liebe – Ehe – Partnerschaft

Regina Barreca
Süß ist die Rache
Von der Lust abzurechnen
ISBN 3-423-**24131**-4

Alexandra Berger
Andrea Ketterer
Warum nur davon träumen?
Was Frauen über Sex wissen wollen
ISBN 3-423-**20017**-0

Deepak Chopra
Lerne lieben, lebe glücklich
Der Weg zur spirituellen Liebe
ISBN 3-423-**36170**-0

Mihaly Csikszentmihalyi
Lebe gut!
Wie Sie das Beste aus Ihrem Leben machen
ISBN 3-423-**08548**-7

Karin Freymeyer
Manfred Otzelberger
In der Ferne so nah
Lust und Last der Wochenendbeziehungen
ISBN 3-423-**36303**-7

Klaus Fritz
Ein Sternenmantel voll Vertrauen
Märchenhafte Lösungen für alltägliche Probleme
ISBN 3-423-**36120**-4

Erich Fromm
Die Kunst des Liebens
ISBN 3-423-**36102**-6

Helmut Fuchs, Andreas Huber
Die 16 Lebensmotive
Was uns wirklich antreibt
ISBN 3-423-**24319**-8

Arno Gruen
Der Verrat an Selbst
Die Angst vor Autonomie bei Mann und Frau
ISBN 3-423-**35000**-8

Evan Imber-Black
Die Macht des Schweigens
Geheimnisse in der Familie
ISBN 3-423-**36223**-5

Karin Jäckel
Der gebrauchte Mann
Abgeliebt und abgezockt – Väter nach der Trennung
ISBN 3-423-**36200**-6

Verena Kast
Neid und Eifersucht
Die Herausforderung durch unangenehme Gefühle
ISBN 3-423-**35152**-7

Klaus Koch
Bärbel Schwertfeger
Zu zweit am Ende
Phasen der Trennung
ISBN 3-423-**36084**-4

Arnold Lazarus
Fallstricke der Liebe
Vierundzwanzig Irrtümer über das Leben zu zweit
ISBN 3-423-**36185**-9

Germaine Greer

Die ganze Frau
Körper Geist Liebe Macht
Aus dem Englischen von
Susanne Althoetmar-Smarczyk

ISBN 3-423-**24204**-3

Bestsellerautorin Germaine Greer unternimmt erneut eine große Bestandsaufnahme zur Lage der Frauen. Leidenschaftlich, sachkundig und sarkastisch analysiert sie, was ihrer Ansicht nach Sache ist, und stellt die Tagesordnung für einen neuen Feminismus auf.

Auf der Suche nach Befreiung, so argumentiert Greer, hat sich die Frauenbewegung auf Seitenwege abdrängen lassen, ist auf eine Ersatzbefriedigung hereingefallen. Die gerne wiederholte These »Frauen können alles haben« ist, wie sie meint, eine Illusion, da es nach wie vor unzählige Formen offener und verdeckter Diskriminierung gibt. Dieses Buch ist eine aufrüttelnde Kritik an der vorhandenen Selbstzufriedenheit, insbesondere der Frauen. Wie schon mit dem ›Weiblichen Eunuchen‹ gelingt es Germaine Greer erneut, mit größter Schärfe zentrale Fragen anzusprechen.

»Sie ist wieder da, und sie ist zornig.«
The Daily Telegraph

Voll erwischt – und jetzt?
Das Lexikon für Verliebte

Alexandra Berger, Andrea Ketterer

Immer muß ich an dich denken
Was Verliebte wissen wollen

ISBN 3-423-20263-7

Herzklopfen, weiche Knie und Schmetterlinge im Bauch. Chaos im Herzen und Chaos im Kopf – Lust und Leid aller Verliebten, ob 15 oder 75. Auch die Unsicherheit ist dieselbe: Soll ich den ersten Schritt tun? Was denkt er/sie von mir? Und: Wie wird aus dem ersten Flirt eine feste Beziehung?

Klar, verliebt sein kann man nicht lernen, und all die Dummheiten, die man so begeht, sind auch ganz charmant. Trotzdem, ein bisschen Kopf, ein paar Tipps und kleine Tricks dürfen bei dieser Herzensangelegenheit ruhig sein.

Von A wie Anmache über R wie rosarote Brille bis Z wie Ziele: Alexandra Berger und Andrea Ketterer gehen mit viel Witz und Esprit allen Fragen und Facetten des prickelndsten aller Gefühle nach. Für alle, die verliebt sind und diesen wunderbaren Zustand möglichst lange erhalten wollen.

Die Entdeckung der weiblichen Psyche

Jane Adams
»Ich bin noch immer deine Mutter«
Wenn die Kinder erwachsen werden
ISBN 3-423-08427-8

Joan Borysenko
Das Buch der Weiblichkeit
Der 7-Jahres-Rhythmus im Leben einer Frau
ISBN 3-423-36214-6

Lyn M. Brown
Carol Gilligan
Die verlorene Stimme
Wendepunkte in der Entwicklung von Mädchen
ISBN 3-423-35133-0

Eugen Drewermann
Die Botschaft der Frauen
Das Wissen der Liebe
ISBN 3-423-36023-2

Germaine Greer
Die ganze Frau
Körper-Geist-Liebe-Macht
ISBN 3-423-24204-3

Germaine Greer
Der weibliche Eunuch
Aufruf zur Befreiung der Frau
ISBN 3-423-36196-4

Arno Gruen
Der Verrat am Selbst
Die Angst vor Autonomie bei Mann und Frau
ISBN 3-423-35000-8

Verena Kast
Mann und Frau im Märchen
Märchen psychologisch gedeutet
ISBN 3-423-35001-6

Die beste Freundin
Was Frauen aneinander haben
ISBN 3-423-35091-1

Ann G. Thomas
Frauen, die wir werden
Vorbilder in Märchen und Mythen für das Leben, das noch vor uns liegt
ISBN 3-423-36263-4

Das Nachschlagewerk der Psychologie!

Werner D. Fröhlich

Wörterbuch Psychologie

ISBN 3-423-32514-3

Die heutige Psychologie mit ihren eigenständigen, naturwissenschaftlich geprägten Methoden entwickelte von ihren Anfängen bis heute eine differenzierte Fachsprache. Gegenwärtig orientiert sich die Psychologie sowohl in der Grundlagenforschung als auch in ihren anderen vielfältigen Anwendungsfeldern fachübergreifend. Aus diesem Grund finden sich in den rund 3500 Stichwörtern des Nachschlagewerks die wichtigsten Begriffe der »klassischen« Psychologie sowie die Grundbegriffe aus biologisch-medizinischen und sozialwissenschaftlichen Nachbargebieten.

Das ›Wörterbuch Psychologie‹ ist 1968 erstmals erschienen. 1997 wurden die klinisch relevanten Stichwörter an das weltweit angewendete Klassifikationssystem DSM-IV angepaßt. In der 23. Auflage 2000 wurde das Nachschlagewerk grundlegend überarbeitet und durch neue Begriffe erweitert. Das Vorwort gibt eine Einführung in geschichtliche Entwicklung, Gegenstandsbereiche und Studienaufbau der Psychologie, der Anhang bietet ein Verzeichnis englischsprachiger Stichwörter mit Verweisen auf die entsprechenden deutschen Begriffe. Mit ausführlicher Bibliographie.